GUIDE
DES PROCÉDÉS
D'ÉCRITURE

2e édition

D1295359

GUIDE DES PROCÉDÉS D'ÉCRITURE

2e édition

ANNE GAGNON

CARL PERRAULT

HUGUETTE MAISONNEUVE

Enseignants au Collège Jean-de-Brébeuf

PEARSON

Montréal Toronto Boston Columbus Indianapolis New York San Francisco Upper Saddle River
Amsterdam Le Cap Dubaï Londres Madrid Milan Munich Paris
Delhi México São Paulo Sydney Hong-Kong Séoul Singapour Taipei Tōkyō

Développement de produits
Pierre Desautels

Supervision éditoriale
Liette Beaulieu

Révision linguistique
François Morin et Julie Robert

Correction
Julie Robert

Demande de droits
Chantal Bordeleau

Direction artistique
Hélène Cousineau

Supervision de la production
Muriel Normand

Conception graphique de la couverture
Martin Tremblay, à partir d'une photo de nemar74/Thinkstock

Conception graphique de l'intérieur
Martin Tremblay

Édition électronique
Laliberté d'esprit

Dans cet ouvrage, le générique masculin est utilisé sans aucune discrimination et uniquement pour alléger le texte.

1611, boul. Crémazie Est, 10e étage,
Montréal (Québec) H2M 2P2
Canada
Téléphone : 514 334-2690
Télécopieur : 514 334-4720
info@pearsonerpi.com
pearsonerpi.com

Dépôt légal – Bibliothèque et Archives nationales du Québec, 2014
Dépôt légal – Bibliothèque et Archives Canada, 2014

Imprimé au Canada   234567890   SO 17 16 15
ISBN 978-2-7613-5472-1   20669 ABCD   OS14

Présentation

Le guide que nous vous proposons ne prétend pas être une méthode miracle pour apprendre à analyser un texte littéraire. Il vise plutôt à présenter, de manière concise, les principaux procédés d'écriture (moyens d'expression) desquels il est possible de tirer du sens ou de dégager un effet. Ce guide est particulièrement utile aux étudiants du collégial qui, dans le cadre de leurs cours de littérature, sont appelés à analyser des textes littéraires et à les commenter. Il peut également servir à tous ceux qui cherchent à améliorer leur habileté de lecture ou à maîtriser davantage leur écriture.

Nous proposons un guide centré sur le sens et non sur le simple repérage. Ainsi, en plus d'être défini et accompagné de stratégies de repérage ou d'analyse, chaque procédé est mis en contexte à l'aide d'extraits littéraires, de manière à illustrer les différents sens ou effets qu'il peut produire[1]. D'autres procédés, présents dans le même exemple et contribuant à créer le même sens ou le même effet, sont également soulignés[2]. Notre travail, systématique, ne se prétend toutefois pas exhaustif. À l'exhaustivité nous avons préféré la clarté, qui permet non seulement de comprendre le texte, mais aussi (et surtout) de tirer du plaisir de la lecture.

Pour certains, ce plaisir viendra de l'usage de la locution prépositive dans ce vers de Saint-Denys Garneau : « Je marche **à côté d'**une joie[3] », qui permet de saisir instantanément le sentiment d'aliénation du poète. D'autres seront touchés par la métaphore musicale de ce texte de Christian Bobin, qui explique que le bonheur naît de l'harmonie :

> Le bonheur, ce n'est pas une **note séparée**, c'est la joie que **deux notes** ont à rebondir l'une contre l'autre. Le malheur, c'est quand ça **sonne faux**, parce que **votre note et celle de l'autre ne s'accordent pas**. La séparation la plus **grave** entre les gens, elle est là, nulle part ailleurs : dans le **rythme**[4].

Ces « sources de plaisir » constituent différentes manières d'aborder ou de saisir un texte littéraire. Il existe de multiples façons d'entrer dans une œuvre : le type de phrase employé, le champ lexical des mots utilisés, les figures de style, etc. Ce sont ces diverses pistes d'analyse que vous propose le présent guide. Nous les avons classées en six catégories : les procédés d'énonciation, lexicaux, syntaxiques et grammaticaux, stylistiques, musicaux et, enfin, les procédés d'organisation du discours narratif. Dans un chapitre consacré aux tonalités, nous mettons le lecteur (et l'écrivain) sur la piste des procédés qui contribuent à créer une atmosphère particulière dans une œuvre. Au chapitre 8, nous présentons une analyse globale d'un texte littéraire, qui fait la synthèse des procédés étudiés.

---

1. Ces sens ou effets apparaissent en gras.
2. Ces autres procédés sont soulignés. Le soulignement rappelle celui d'un lien hypertexte et permet de « naviguer » dans le guide.
3. Hector de SAINT-DENYS GARNEAU, « Accompagnement », *Regards et jeux dans l'espace* (1937).
4. Christian BOBIN, *La Folle Allure* (1995).

Étant donné que les procédés n'appartiennent pas en propre à un seul type de texte, nous avons diversifié nos extraits en les tirant de textes poétiques, narratifs et dramatiques, et en les puisant dans différentes époques, différents courants et différentes littératures : française, québécoise et étrangère. Nous avons ainsi voulu montrer l'universalité des procédés et de leurs emplois.

Pour cette édition, nous vous proposons également un nouveau chapitre qui cible les spécificités marquantes des écritures dramatique, poétique et narrative au fil du temps : les éléments-clés de chaque type d'écriture sont mis en relief à partir d'extraits d'œuvres centrés sur des thématiques communes. Ce chapitre vient remplacer les notions sur les genres littéraires présentes dans l'édition précédente ; nous espérons qu'il saura plaire à la fois aux habitués du guide et à ses nouveaux utilisateurs.

En somme, notre souhait le plus intime est que ce guide donne envie de lire, qu'il permette de mieux comprendre un texte littéraire, qu'il amène à en saisir les nuances et à le savourer. Si, de surcroît, il fait aussi naître l'envie d'écrire, nous en serons ravis.

Bonne lecture !

Les auteurs

Remerciements

Les auteurs tiennent à remercier :

Lucie Libersan, Collège Ahuntsic
Julie Roberge, Cégep Marie-Victorin
Louise Lachapelle, Collège de Maisonneuve
Louise Poulin, Cégep de Lévis-Lauzon
François La Bissonnière, Cégep de Saint-Laurent
Dominique Cyr, Collège de Bois-de-Boulogne
Fannie Godbout, Cégep de Sainte-Foy
Karine Villeneuve, Cégep de Sainte-Foy
Jacques Lecavalier, Collège de Valleyfield
Serge Provencher, Cégep de Saint-Jérôme
Carine Tremblay, Cégep de Saint-Jérôme
Monique Lapointe, Collège Lionel-Groulx

Table des matières

Qu'est-ce qu'un procédé d'écriture ?

Définition

Un procédé d'écriture est un moyen d'expression dont il est possible de tirer du sens ou de dégager un effet. Par exemple, pour affirmer qu'un repas est bon, il est possible d'écrire cette phrase neutre : *Le repas est bon*, mais il est également possible d'écrire : *Ce n'est pas mauvais* (litote), *Que c'est délicieux !* (phrase exclamative), *Comment arrives-tu à cuisiner des plats si savoureux ?* (phrase interrogative, emploi du terme mélioratif *savoureux* et de l'adverbe d'intensité *si*), *C'est divin* (hyperbole), *Le poulet, la sauce, les asperges, tout est bon !* (énumération et emploi du pronom indéfini *tout*), etc. Un message peut donc être formulé de différentes manières, à l'aide d'une variété de procédés. Dans cet exemple, tous les procédés utilisés conduisent au même sens général : le locuteur cherche à exprimer sa satisfaction et à complimenter le destinataire. Ces procédés se distinguent toutefois par des nuances de sens : par la litote, le locuteur met en valeur son compliment ; par l'hyperbole ou par la phrase exclamative, il s'exprime avec plus d'enthousiasme, etc. L'interlocuteur habile perçoit ces nuances et peut les interpréter.

Interprétation des procédés d'écriture

Interpréter signifie « chercher à donner un sens ». Pour cette raison, apprendre à repérer les procédés d'écriture ne constitue que la première étape de l'analyse littéraire. Il faut ensuite chercher à comprendre ce qui est exprimé par chacun des procédés repérés. Par telle phrase, par tel mot, le locuteur cherche-t-il à persuader, séduire, émouvoir, amuser, critiquer, complimenter ; susciter l'angoisse, l'indignation, l'admiration, le débat ? Ne s'adresse-t-il qu'à lui-même, ne cherchant qu'à exprimer un état d'âme, un questionnement intérieur, un rêve ? C'est en dégageant le sens ou l'effet des différents procédés que l'on parvient à saisir le sens de l'ensemble du texte.

Choix des procédés pertinents

L'analyse des procédés d'écriture conduit à une meilleure compréhension d'un texte littéraire. Cependant, quand vient le temps de rédiger une analyse de texte, il est important de ne mentionner que les procédés qui illustrent les idées que l'on exprime. Par exemple, dans cet extrait du *Cid* où Rodrigue se demande : « Faut-il laisser un affront impuni ? / Faut-il punir le père de Chimène ?[1] », on peut observer des phrases interrogatives, un parallélisme, une périphrase, la présence d'un verbe modalisateur, etc. Mais tous ces procédés ne revêtent pas le même intérêt. On relèvera la construction interrogative si l'on veut mettre de l'avant l'idée que Rodrigue est troublé et indécis. On relèvera plutôt la périphrase pour mettre l'accent sur l'importance de la relation entre Don Gomès, qui a offensé le père de Rodrigue, et Chimène, la bien-aimée du héros. On soulignera la présence du verbe modalisateur *falloir* si l'on souhaite insister sur le sens du devoir de Rodrigue, caractéristique importante du personnage. Bref, l'analyse des procédés d'écriture permet d'appuyer l'interprétation que l'on donne à un texte.

---

1. Pierre CORNEILLE, *Le Cid* (1637).

Procédés d'énonciation

- Introduction
- Les marques du locuteur
- Les marques du destinataire

- Les marques du lieu et du temps
- Les marques de modalisation
- Le discours rapporté

Introduction

L'énonciation est la production d'un énoncé dans un certain contexte. Par cet énoncé, le locuteur peut rapporter des faits, des événements ou des pensées personnelles. Il peut aussi rapporter les paroles de quelqu'un d'autre. Dans tous les cas, le locuteur peut émettre son énoncé de manière neutre ou, au contraire, laisser transparaître son attitude à l'égard du propos qu'il exprime.

Les procédés d'énonciation sont les moyens d'expression qui permettent de comprendre la situation de communication : les marques du locuteur, les marques du destinataire, les marques du lieu et du moment où l'énoncé est émis, l'attitude du locuteur par rapport à son propos (marques de modalisation) et le discours qui est rapporté.

Exemple

« SCAPIN – Bon. Imaginez-vous que je suis votre père qui arrive, et répondez-moi fermement, comme si c'était à lui-même. [Comment, pendard, vaurien, infâme, fils indigne d'un père comme moi, oses-tu bien paraître devant mes yeux, après tes bons déportements, après le lâche tour que tu m'as joué pendant mon absence ? Est-ce là le fruit de mes soins, maraud ? est-ce là le fruit de mes soins ? le respect qui m'est dû ? le respect que tu me conserves ? Allons donc. Tu as l'insolence, fripon, de t'engager sans le consentement de ton père, de contracter un mariage clandestin ? Réponds-moi, coquin, réponds-moi. Voyons un peu tes belles raisons.] Oh ! que diable ! vous demeurez interdit !

OCTAVE – C'est que je m'imagine que c'est mon père que j'entends. »
MOLIÈRE, *Les Fourberies de Scapin* (1671).

Marques du destinataire

Les marques du destinataire (marques de la deuxième personne et mots mis en apostrophe) témoignent des rapports hiérarchiques qui existent entre les personnages. Alors que Scapin s'adresse à Octave en le vouvoyant (marque de respect), il le tutoie et l'insulte lorsqu'il se met dans la peau de son père, ce qui illustre la supériorité de ce dernier.

Marques de modalisation

Les marques de modalisation (noms et adjectifs péjoratifs) montrent l'indignation du père face au mariage clandestin de son fils.

[ ] Discours direct

Afin de préparer Octave aux répliques de son père, Scapin emploie le discours direct. Bien qu'il n'y ait pas de guillemets, on peut constater un changement de locuteur par le passage du *vous* au *tu* ainsi que par le ton autoritaire du père.

Les marques du locuteur

Définition

Le locuteur est la personne qui émet l'énoncé. Il peut être l'auteur, le narrateur ou un personnage.

Stratégie de repérage ou d'analyse

Parfois le locuteur se désigne. Pour ce faire, il emploie des marques de la première personne : des pronoms personnels (*je, me, moi, nous*), des pronoms possessifs (*le mien, le nôtre...*) ou des déterminants possessifs (*mon, ma, mes, notre, nos*). Parfois il présente son propos sans se désigner, avec une certaine distance (marques de la troisième personne). Parfois, enfin, il ne manifeste sa présence qu'en laissant transparaître la relation qu'il entretient avec le destinataire (emploi de l'impératif, choix du vouvoiement ou du tutoiement, etc.) ou son attitude par rapport aux propos qu'il émet (choix de termes mélioratifs ou péjoratifs).

Lorsque le locuteur est désigné, demandez-vous ce qu'il livre de lui-même au lecteur. Parle-t-il beaucoup ou peu de lui ? En quels termes ? Que désigne l'emploi des possessifs ?, etc.

Exemples	Sens ou effets
« **Je** suis le ténébreux, le veuf, l'inconsolé. » Gérard de NERVAL, « El Desdichado », *Les Chimères* (1854).	Le pronom personnel *je* met l'accent sur l'**introspection** du locuteur et sur la tonalité lyrique du poème. Cette tonalité est marquée par les termes relevant du champ lexical du deuil (*ténébreux, veuf, inconsolé*), qui témoignent de la morosité du locuteur.
« **Nous** étions à l'étude, quand le proviseur entra, suivi d'un nouveau habillé en bourgeois et d'un garçon de classe qui portait un grand pupitre. » Gustave FLAUBERT, *Madame Bovary* (1857).	L'emploi du pronom personnel de la première personne du pluriel (*nous*) donne l'impression que tous les élèves de la classe, y compris le locuteur, **forment une seule entité**. L'emploi du déterminant indéfini *un*, dans l'expression *un nouveau*, accentue l'effet d'opposition entre le groupe et l'individu.
« Tout **m'**avale. » Réjean DUCHARME, *L'Avalée des avalés* (1966).	L'emploi du pronom personnel *m'*, en position de complément, atteste le **caractère passif** de la locutrice, qui n'est pas le sujet de l'action et qui subit les événements. En fait, elle se sent absorbée par les autres, comme en témoigne le sens figuré du verbe *avaler*.

Les marques du destinataire

Définition

Le destinataire est la personne à qui l'énoncé est adressé. Dans une œuvre littéraire, le premier destinataire est toujours le lecteur. Cependant, très souvent, le locuteur s'adresse aussi à une personne (fictive ou réelle) à l'intérieur de l'œuvre.

Stratégie de repérage ou d'analyse

Parfois le destinataire est clairement désigné. On le reconnaît par les mots mis en apostrophe (mots servant à interpeller une personne pour obtenir son attention) ou par les marques de la deuxième personne : des pronoms personnels (*tu*, *te*, *toi*, *vous*), des pronoms possessifs (*le tien*, *le vôtre...*), des déterminants possessifs (*ton*, *ta*, *tes*, *votre*, *vos*) ou des verbes à l'impératif.

Lorsque le destinataire est désigné, demandez-vous ce que les marques de la deuxième personne apprennent au lecteur sur la relation que le locuteur entretient avec le destinataire. Le locuteur est-il soumis, en position d'autorité, respectueux, intimidé, en conflit, etc. ? Cherche-t-il à influencer le destinataire, à le faire agir, etc. ?

Exemples	Sens ou effets
« PAYSAN – **Mademoiselle**, je vais au château porter une lettre pour **vous** ; **faut**-il que je **vous** la donne ou que je la remette à la cuisine, comme me l'a dit le seigneur Perdican ? CAMILLE – **Donne-la-moi.** PAYSAN – Si **vous** aimez mieux que je la porte au château, ce n'est pas la peine de m'attarder ? CAMILLE – **Je te dis de me la donner.** PAYSAN – Ce qui **vous** plaira. (*Il lui donne la lettre.*) » Alfred de MUSSET, *On ne badine pas avec l'amour* (1834).	Comme en témoigne l'emploi de l'impératif et du tutoiement, le personnage de Camille est en **position d'autorité** face au paysan (le destinataire), **soumis et respectueux** (apostrophe indiquant le titre de noblesse, vouvoiement, etc.). L'emploi de <u>phrases interrogatives</u> et du <u>verbe</u> modalisateur *falloir* accentue l'attitude respectueuse du paysan.
« LÉOPOLD – Toute **ta** tabarnac de vie à faire la même tabarnac d'affaire en arrière de la même tabarnac de machine ! Toute **ta** vie ! **T'**es spécialisé, **mon p'tit gars** ! **Remercie** le bon Dieu ! **T'**es pas journalier ! » Michel TREMBLAY, *À toi, pour toujours, ta Marie-Lou* (1971).	Dans cet extrait, le personnage de Léopold se parle à lui-même comme si c'était quelqu'un d'autre qui s'adressait à lui (emploi de la deuxième personne), en l'appelant *mon p'tit gars* (apostrophe). Cette **aliénation** causée par le travail machinal et répétitif (<u>répétition</u> du mot *tabarnac*) est dénoncée par son discours ironique (<u>tonalité polémique</u>).
« **Déguédine Dan** comme Zinédine Zidane » LOCO LOCASS, « Groove grave », *Amour oral* (2004).	La <u>phrase impérative</u> (*déguédine*, québécisme qui signifie « active-toi ») montre l'intention du locuteur d'amener son interlocuteur à cesser d'être passif. Le message est adressé à un destinataire fictif, *Dan*, mais, en réalité, l'**injonction d'agir** s'adresse au lecteur, à l'auditeur.

Les marques du lieu et du temps

Définitions

Le lieu correspond à l'endroit où le locuteur se trouve au moment où il émet l'énoncé.

Le temps correspond au moment où l'énoncé est émis.

Stratégie de repérage ou d'analyse

On peut parfois identifier le lieu et le temps de l'énonciation en cherchant des indices qui révèlent l'endroit où se trouve le locuteur et le moment où il émet son énoncé. Il s'agit souvent d'adverbes, de groupes prépositionnels ou de groupes nominaux (*ici, là-bas, à côté, maintenant, hier, la semaine prochaine,* etc.). Cependant, il est fréquent que le lieu et le temps ne soient pas précisés dans l'énoncé.

> **Attention!** Si le locuteur emploie le mot *là-bas,* ce n'est pas parce qu'il se trouve là-bas au moment où il parle. Le mot *là-bas* désigne plutôt un endroit qui se trouve loin de lui. En cherchant à savoir quel est le lieu désigné par *là-bas,* on en apprend sur le lieu où le locuteur se trouve au moment où il parle. La même logique s'applique pour les marques du temps.

Demandez-vous si le lieu et le temps de l'énonciation sont nécessaires à la compréhension de l'énoncé. Dans l'affirmative, demandez-vous dans quelle mesure ils permettent de mieux le comprendre.

Exemples	Sens ou effets
« HERMIONE – S'il [Pyrrhus] ne meurt **aujourd'hui**, je puis l'aimer **demain**. » Jean RACINE, *Andromaque* (1668).	Les marques de temps *aujourd'hui* et *demain* permettent de comprendre qu'au moment où Hermione parle, elle sent l'**urgence** de faire disparaître Pyrrhus afin d'éviter que son amour pour lui ne se manifeste. L'imminence de cette manifestation est amplifiée par le verbe modalisateur *pouvoir*.
« Jamais je n'ai eu tant de plaisir en vous écrivant; jamais je n'ai ressenti, dans cette occupation, une émotion si douce et cependant si vive. Tout semble augmenter mes transports: l'air que je respire est brûlant de volupté; **la table même sur laquelle je vous écris**[1], consacrée pour la première fois à cet usage, devient pour moi **l'autel sacré de l'amour**[2] [...]. » Choderlos de LACLOS, *Les Liaisons dangereuses* (1782). Note: Il s'agit d'une lettre du Vicomte de Valmont à Madame de Tourvel, qu'il tente de séduire.	Sans connaissance du lieu de l'énonciation, on ne peut apprécier cet extrait à sa juste valeur. En effet, l'**hypocrisie et la cruauté** du personnage de Valmont y sont remarquables: au moment même où il rédige une lettre sulfureuse à Madame de Tourvel dans le but de la séduire, le corps nu de sa maîtresse lui sert de table. La volupté dont il parle n'est donc pas inspirée par la destinataire de la lettre, comme on pourrait le croire au premier abord, mais par sa maîtresse.

---

1. Il écrit sur le dos de sa maîtresse.
2. Il vient de faire l'amour avec sa maîtresse.

Les marques de modalisation

Définition

La modalisation est l'attitude, le point de vue du locuteur par rapport à son propos. Il peut rester neutre, s'exprimer avec une certaine émotion ou porter un jugement sur ce qu'il énonce.

Stratégie de repérage ou d'analyse

Les marques de modalisation sont variées. Il peut s'agir d'interjections (*Hélas!*, *Youpi!*...), de noms, d'adjectifs ou de verbes à valeur méliorative ou péjorative (*nuisance*, *bénédiction*... ; *triste*, *méchant*, *faux*... ; *désespérer*, *se réjouir*...), d'adverbes d'intensité, de manière ou de comparaison (*probablement*, *malheureusement*... ; *tel*, *plus*, *moins*...), du temps conditionnel exprimant le doute (*elle serait enceinte*...) ou de toute autre forme de commentaire.

Demandez-vous ce que les marques de modalisation apprennent au lecteur sur la perception qu'a le locuteur du sujet dont il parle.

Exemples	Sens ou effets
« Et c'est merveille que dure **aussi longtemps** une bataille **à ce point féroce**. Tous deux [les chevaliers] sont d'un **tel** courage qu'aucun ne céderait, à aucun prix, un pied du terrain, sinon pour donner la mort. Et ils agissaient en **vrais preux** : à aucun moment, ils ne blessent ou n'estropient leurs chevaux. [...] Pas une fois, ils ne mettent pied à terre. La bataille ne s'avère que **plus belle**. » Chrétien de TROYES, *Yvain ou le Chevalier au lion* (1175).	Par les <u>adjectifs</u> mélioratifs (*féroce*, *vrais preux*, *belle*) et par les <u>adverbes</u> d'intensité (*tel*, *aussi*, *à ce point*, *plus*), le locuteur montre son **admiration** pour Yvain et son adversaire, dont il fait voir les prouesses guerrières.
« [...] **deux ou trois** marchands de Normandie, sur la **légère** espérance d'un **petit** commerce de pelleterie, équipèrent **quelques** vaisseaux, et établirent une colonie dans le Canada, pays couvert de neiges et de glaces huit mois de l'année, habité par des barbares, des ours, et des castors. » VOLTAIRE, *Essai sur les mœurs* (1753).	Les nombreux termes qui viennent diminuer les réalités exprimées par le locuteur (il n'y a que *deux ou trois* marchands, l'espérance est *légère*, le commerce est *petit*, seuls *quelques* vaisseaux ont été équipés) font ressortir la petitesse du Canada aux yeux du locuteur. Ils témoignent de son **mépris** pour ce pays. La <u>connotation</u> péjorative du mot *barbares* accentue cette perception négative.
« Depuis six mille ans, la **guerre** Plaît aux peuples **querelleurs**, Et Dieu perd son temps à faire Les **étoiles** et les **fleurs**. » Victor HUGO, « Depuis six mille ans, la guerre... », *Chansons des rues et des bois* (1865).	En associant à l'humanité des éléments de destruction (<u>champ lexical</u> de la discorde : *guerre* et *querelleurs*) et à Dieu des éléments liés à la nature (*étoiles* et *fleurs*), le locuteur exprime sa **préférence** pour l'œuvre de Dieu et sa **désapprobation** de l'attitude guerrière et arrogante des hommes. Cette désapprobation est également perceptible dans l'<u>antiphrase</u> *Dieu perd son temps*.

Le discours rapporté

Définition

On entend par discours rapporté une parole d'autrui ou un monologue intérieur inséré dans un énoncé.

Stratégie de repérage ou d'analyse

◆ Le locuteur peut rapporter des paroles dans son énoncé en les citant directement. C'est le **discours direct**, que l'on repère généralement par la présence d'un mot introducteur (*dire*, *rétorquer*, *s'écrier*, *murmurer*...) et de guillemets.

◆ Le locuteur peut aussi ne rapporter que le contenu du propos, sans citer les paroles exactes. C'est le **discours indirect**, que l'on reconnaît par la présence d'un mot introducteur et, généralement, d'un subordonnant (*que*, *si*, *quand*...).

◆ Enfin, le locuteur peut reproduire les paroles entendues sans les citer de manière directe (absence de mot introducteur et de guillemets). C'est le **discours indirect libre**, le plus difficile à délimiter parce que le passage d'un locuteur à l'autre ne se manifeste que par des marques subtiles, comme le changement de variété de langue.

En discours direct et en discours indirect libre, les paroles rapportées fournissent des renseignements sur la personne qui est citée. Demandez-vous ce que ces paroles apprennent au lecteur sur le rang social et le tempérament de cette personne, sur la relation qu'elle entretient avec les autres, etc. Demandez-vous quels indices les mots introducteurs fournissent sur la perception du locuteur relativement au discours qu'il rapporte. En discours indirect, seuls les mots introducteurs renseignent le lecteur. Interrogez-vous sur le sens de ces mots.

Exemples	Sens ou effets
« Le paon se plaignait à Junon : **"Déesse, disait**-il, **ce n'est pas sans raison Que je me plains** [...].**"** Junon **répondit en colère :** **"Oiseau jaloux, et qui devrais te taire Est-ce à toi d'envier la voix du rossignol** [...] **?"** » Jean de LA FONTAINE, « Le Paon se plaignant à Junon », *Fables* (1668-1693).	Les paroles du paon et de Junon sont rapportées de manière directe. Le lecteur est renseigné sur le **ton adopté** par Junon (elle est *en colère*) et sur la **relation entre les personnages.** Le paon, en position d'infériorité, interpelle Junon avec respect (*Déesse*) alors que cette dernière s'adresse à lui de manière tranchante (*Oiseau jaloux*) et impérieuse (*[tu] devrais te taire*).
« Elle pleurait, elle disait non, elle disait oui, elle ne savait pas. **Ah ! Seigneur ! que cela est bon et triste de manger, quand on crève !** » Émile ZOLA, *L'Assommoir* (1877).	On remarque le discours indirect libre par un changement de variété de langue (l'exclamation *Seigneur !*, le verbe familier *crever*). Ici, c'est nettement le personnage affamé qui lance cette remarque, qui pousse ce **cri du cœur**.

Introduction

Les procédés lexicaux sont les procédés qui relèvent du choix des mots. À première vue, l'emploi d'un mot plutôt que d'un autre peut sembler arbitraire mais, dans un texte littéraire, il n'en est rien : le choix du lexique est très révélateur et contribue à l'expressivité du texte. Devant l'infinité de termes possibles, un écrivain doit choisir ceux qui expriment le mieux les nuances de sens et les effets recherchés. Plusieurs pistes permettent de saisir la portée du choix des mots. Se rapportent-ils à un même thème et forment-ils un réseau de sens (champ lexical) ? Leur sens propre ou figuré est-il particulièrement révélateur ? Les mots dévoilent-ils l'appartenance sociale du locuteur (variété de langue) ? Trahissent-ils son attitude envers une situation ou un personnage (vocabulaire mélioratif ou péjoratif) ? Quand elle est reprise, une même idée est-elle toujours exprimée avec les mêmes mots ? Quelle nuance de sens la variété des reprises apporte-t-elle ? Les mots choisis créent-ils des combinaisons fantaisistes ou étonnantes (jeux lexicaux) ?

Le lexique peut être analysé sous différents angles. Un même mot peut à la fois appartenir à un champ lexical donné, être pertinent en raison de son sens figuré et de sa valeur (méliorative ou péjorative), laisser entrevoir la classe sociale du locuteur, etc. Ainsi, les catégories présentes dans cette section ne s'excluent pas les unes les autres : elles permettent d'analyser les mots de différentes façons.

Exemple

« SCAPIN – Bon. Imaginez-vous que je suis votre père qui arrive, et répondez-moi fermement, comme si c'était à lui-même. Comment, pendard, vaurien, infâme, fils indigne d'un père comme moi, oses-tu bien paraître devant mes yeux, après tes bons déportements, après le lâche tour que tu m'as joué pendant mon absence ? Est-ce là le fruit de mes soins, maraud ? est-ce là le fruit de mes soins ? le respect qui m'est dû ? le respect que tu me conserves ? Allons donc. Tu as l'insolence, fripon, de t'engager sans le consentement de ton père, de contracter un mariage clandestin ? Réponds-moi, coquin, réponds-moi. Voyons un peu tes belles raisons. Oh ! que diable ! vous demeurez interdit !

OCTAVE – C'est que je m'imagine que c'est mon père que j'entends. »
MOLIÈRE, *Les Fourberies de Scapin* (1671).

Champ lexical	Vocabulaire péjoratif	Sens figuré
Le champ lexical de la criminalité (*pendard, vaurien, maraud, fripon, coquin*) révèle le ton méprisant et hautain que prend Scapin envers Octave lorsqu'il joue le rôle du père de celui-ci.	Le vocabulaire péjoratif exprime la fureur du père envers son fils.	Au sens figuré, le mot *fruit* signifie « bénéfice ». Par l'expression *le fruit de mes soins*, le locuteur met en évidence les efforts du père et l'ingratitude du fils.

Le sens propre ou la dénotation

Définition

Le sens propre (ou la dénotation) désigne le sens premier d'un mot, son sens littéral.

Stratégie de repérage ou d'analyse

Pour connaître le sens propre d'un terme, l'emploi du dictionnaire suffit. Attention aux termes qui peuvent avoir plus d'un sens! Pour éviter les erreurs, il faut observer le contexte dans lequel le terme est employé.

Étant donné qu'il est impossible de chercher tous les mots dans le dictionnaire, demandez-vous quels sont ceux qui apportent une nuance importante à l'idée formulée par le locuteur et cherchez à comprendre cette nuance. Par exemple, pour affirmer qu'il est *surpris* (terme neutre), un locuteur peut dire qu'il est *estomaqué* (frappé comme s'il avait été atteint au ventre), *médusé* (tellement surpris qu'il reste pétrifié, comme s'il avait été transformé en pierre par le regard de la Méduse) ou *stupéfait* (paralysé). Chaque terme apporte une nuance à l'idée énoncée. Ce sont ces distinctions qu'il faut chercher à mettre en lumière en se penchant sur le sens propre des mots.

Exemples	Sens ou effets
« PHÈDRE – La veuve de Thésée **ose** aimer Hippolyte ! » Jean RACINE, *Phèdre* (1677).	Le verbe *oser* signifie avoir l'audace de faire quelque chose. Dans cette phrase, il fait ressortir le fait que l'amour que ressent Phèdre envers Hippolyte, le fils de son défunt mari, est un amour coupable. La <u>périphrase</u> *veuve de Thésée* contribue également à mettre en lumière le **caractère condamnable** de cet amour.
« Le corbeau, honteux et confus, **Jura**, mais un peu tard, qu'on ne l'y prendrait plus. » Jean de LA FONTAINE, « Le Corbeau et le Renard », *Fables* (1668-1693).	Le verbe *jurer,* qui illustre une décision prise avec solennité, a une portée plus forte que le simple fait d'affirmer quelque chose. Il témoigne donc du **sérieux de l'engagement** que se fait le corbeau à lui-même. Le fait que le vers soit placé en tête de vers (<u>rejet</u>) contribue d'ailleurs à donner de l'importance à cette décision du corbeau.
« Vous *aimiez* la guerre – et vous vous battiez pour le plaisir ? C'est une supposition que je ne me permettrai même pas de faire [...]. » Boris VIAN, *Lettre ouverte à M. Paul Faber* (1955).	L'emploi du verbe *aimer* au sens propre prend toute sa force du fait qu'il est accolé à une réalité aussi critiquée que la guerre. Cela permet au locuteur de montrer le **caractère odieux de son destinataire**. Même si la phrase prend la forme d'une question (<u>phrase interrogative</u>), il s'agit en fait d'une accusation voilée.

Le sens figuré et la connotation

Définitions

Le sens figuré est le sens imagé d'un mot.

La connotation est le sens second d'un mot, c'est-à-dire le sens ajouté au mot. Ce sens est subjectif.

Stratégie de repérage ou d'analyse

Pour saisir le sens figuré d'un mot, tout comme pour saisir sa connotation, il importe d'examiner le contexte dans lequel il est employé. Par exemple, si un locuteur désigne un personnage comme étant un *monstre*, cela ne signifie pas nécessairement qu'il s'agit d'une hideuse créature! Le mot *monstre* peut être employé au sens figuré pour mettre en valeur une facette psychologique du personnage (cruauté, égoïsme, jalousie, etc.). Jugez si, selon le contexte, ce personnage est une hideuse créature (sens propre) ou plutôt un être cruel, égoïste ou jaloux (sens figuré). De même, s'il emploie le mot *neige*, un locuteur peut vouloir désigner une réalité agréable (la blancheur, la pureté) ou une réalité désagréable (le froid). Pour saisir la connotation d'un mot, demandez-vous ce que ce mot semble représenter pour le locuteur.

Exemples	Sens ou effets
« Soudain, le rayon de l'Étoile-du-matin [...] illuminait, à l'improviste [...] les **eaux noires** et les **cygnes aux yeux pleins de rêve.** » Auguste de VILLIERS DE L'ISLE-ADAM, « Le tueur de cygnes », *Tribulat Bonhomet* (1887).	La connotation de *noires* dans *eaux noires* s'oppose à celle de *rêve* dans *cygnes aux yeux pleins de rêve*. Alors que le premier élément laisse entrevoir le **désespoir**, le second est **porteur d'espoir et d'idéal.**
« Il voulait avant de mourir **Se réchauffer** dans mon sourire. » BARBARA, « Nantes » (1964).	Le sens figuré du verbe *se réchauffer* exprime le **sentiment de réconfort** que ressent le personnage mourant devant le sourire de la locutrice.
« [...] le médecin me défend toute espèce d'alcool [...]. Sinon, c'est l'**excommunication médicale.** » Yves BEAUCHEMIN, *Le Matou* (1981).	Au sens propre, l'excommunication est une peine ecclésiastique par laquelle une personne est exclue de l'Église catholique. En employant l'expression figurée *excommunication médicale*, le personnage affirme, avec humour, que son médecin n'acceptera plus de le soigner s'il boit de l'alcool. L'usage du verbe d'interdiction *défendre* illustre d'ailleurs la **fermeté du médecin.**

Le champ lexical

Définition

Un champ lexical est un ensemble de mots qui se rapportent à un même thème. Plus le champ lexical comporte d'éléments, plus il représente un thème dominant du texte ou une symbolique importante.

Stratégie de repérage ou d'analyse

Les mots qui forment un champ lexical peuvent être des synonymes, des mots de même famille ou ayant un rapport de sens étroit.

Pour comprendre la portée d'un champ lexical, demandez-vous ce qu'il apporte au propos du texte, comment il se combine aux autres champs lexicaux, quel est son degré d'importance dans le texte, etc.

Exemples	Sens ou effets
« Madame [...] vous ignorez l'étendue des dangers qui vous menacent. Je ne vous parlerai pas de l'incontestable **authenticité** des **pièces**, ni de la certitude des **preuves** qui attestent l'existence du comte Chabert. Je ne suis pas homme à me charger d'une mauvaise **cause**, vous le savez. Si vous vous proposez à notre **inscription** en faux contre l'**acte** de décès, vous perdrez ce premier **procès**, et cette **question** résolue en notre faveur nous fait gagner toutes les autres. » Honoré de BALZAC, *Le Colonel Chabert* (1832).	Le champ lexical composé de termes associés au langage des avocats met en lumière, de façon réaliste, la profession du personnage qui parle. L'emploi de tels termes contribue à donner à l'avocat plus de **crédibilité** aux yeux de sa <u>destinataire</u>, qu'il tente de convaincre.
« Ce n'est donc pas, comme dans mes autres aventures, une simple **capitulation** plus ou moins avantageuse, et dont il est plus facile de profiter que de s'enorgueillir ; c'est une **victoire** complète, achetée par une **campagne** pénible, et décidée par de savantes **manœuvres**. Il n'est donc pas surprenant que ce succès, dû à moi seul, m'en devienne plus précieux ; et le surcroît de plaisir que j'ai éprouvé dans mon **triomphe**, et que je ressens encore, n'est que la douce impression du sentiment de la **gloire**. » Choderlos de LACLOS, *Les Liaisons dangereuses* (1782).	Le champ lexical militaire, employé ici pour décrire une conquête amoureuse, montre que le locuteur **perçoit la séduction comme un véritable combat**, qu'il faut savoir dominer jusqu'à la chute de l'opposant. D'ailleurs, le sentiment ressenti par l'amant vainqueur est un sentiment de *gloire* et non de bonheur. Ce champ lexical met le lecteur sur la piste d'une <u>métaphore</u> filée.
« Plongé dans les **malheurs** Loin de mes chers parents, Je passe dans les **pleurs** D'**infortunés** moments. » Antoine GÉRIN-LAJOIE, *Un Canadien errant* (1839).	Le champ lexical de la tristesse, formé de mots ayant une forte valeur affective, met en lumière la **tonalité lyrique** du poème.

Le vocabulaire mélioratif ou péjoratif

Définitions

Le vocabulaire mélioratif exprime une perception positive du locuteur pour le sujet dont il parle, alors que le vocabulaire péjoratif traduit une perception négative.

Stratégie de repérage ou d'analyse

Pour déterminer la valeur méliorative ou péjorative d'un mot, on examine si le locuteur emploie des adjectifs, des noms ou des verbes qui représentent des réalités agréables ou désagréables. Dans certains cas, des suffixes (-aille, -ailleur, -asse, -âtre, -ard, -aud) peuvent marquer la valeur péjorative d'un mot. De plus, l'emploi de mots de langue populaire (par exemple *baraque* ou *cabane* pour parler d'une habitation) prend parfois une valeur péjorative.

Pour saisir la valeur du vocabulaire, demandez-vous si les mots employés sont neutres, s'ils ne font que désigner un objet ou une personne, ou s'ils expriment une perception positive ou négative des réalités qu'ils désignent.

Exemples	Sens ou effets
« Qui pourrait d'elle se lasser ? Toujours sa **beauté** renouvelle. Dieu, qu'il fait **bon** regarder La **gracieuse, bonne et belle** ! » Charles d'ORLÉANS, « La gracieuse », *Poésies* (xvᵉ siècle).	Par l'emploi de termes mélioratifs, le locuteur fait l'**éloge** de celle qu'il appelle *la gracieuse*. Il joue d'ailleurs sur l'utilisation de mots appartenant aux <u>champs lexicaux</u> de la beauté et de la bonté.
« Il **cria** avec une voix **rauque et furieuse** qui ressemblait plutôt à un **aboiement** qu'à un cri humain et qui couvrit le bruit des huées : – À boire ! » Victor HUGO, *Notre-Dame de Paris* (1831).	Le choix de termes péjoratifs (le <u>verbe</u> *crier*, les <u>adjectifs</u> *rauque* et *furieuse* et le <u>nom</u> *aboiement*) que le locuteur attribue à la voix de Quasimodo met en évidence la **perception négative** qu'il a du personnage, qui est, selon lui, un être sauvage, presque bestial, à la fois puissant et monstrueux.
« Je suis une fille maigre Et j'ai de **beaux** os. J'ai pour eux des **soins attentifs** Et d'étranges pitiés Je les polis sans cesse Comme de vieux métaux. » Anne HÉBERT, « La fille maigre », *Poèmes* (1953).	En associant des <u>marques de modalisation</u> méliboratives (*beaux, soins attentifs*) à ses os, la locutrice montre qu'elle perçoit sa maigreur de manière très positive, ce qui crée un **effet macabre et troublant**.

La variété de langue

Définition

La variété de langue (aussi appelée niveau ou registre de langue) correspond à la manière de s'exprimer caractéristique d'une classe sociale donnée ou d'une situation de communication particulière.

Stratégie de repérage ou d'analyse

On classe généralement les variétés de langue en quatre catégories :

◆ **La langue soutenue**, marquée par un style recherché, propre aux communications écrites, qui est caractérisé par l'emploi de termes justes (souvent rares ou recherchés), par une syntaxe riche et des images élégantes ;

◆ **La langue courante**, marquée par un style correct mais non recherché, qui est propre à une situation de communication entre des interlocuteurs qui ne se connaissent pas intimement et qui est caractérisé par un vocabulaire usuel, une syntaxe correcte et le vouvoiement ;

◆ **La langue familière**, marquée par un style détendu, propre à une situation de communication entre des interlocuteurs qui se connaissent bien et qui est caractérisé par des expressions familières, une syntaxe orale, des périphrases et le tutoiement ;

◆ **La langue populaire**, marquée par un style oral, se démarquant souvent des normes linguistiques et caractérisé par des régionalismes, des anglicismes, des archaïsmes, des apocopes (élimination d'un son ou d'une syllabe à la fin d'un mot), des déformations de mots, des phrases courtes ou incomplètes, des erreurs syntaxiques et grammaticales.

Comme la variété de langue d'un locuteur peut changer d'une situation de communication à une autre, demandez-vous ce que cette variété vous apprend sur le locuteur lui-même ou sur la relation qu'il entretient avec le destinataire. Est-ce une relation de familiarité, d'intimité, de respect, de courtoisie, etc. ? Dans quelle situation chaque personnage emploie-t-il une variété de langue donnée ?

Exemples	Sens ou effets
« MAROTTE – Voilà un laquais qui demande si vous êtes au logis, et dit que son maître vous veut venir voir. MAGDELON – Apprenez, sotte, à vous énoncer moins vulgairement. Dites : "**Voilà un nécessaire qui demande si vous êtes en commodité d'être visibles.**" » MOLIÈRE, *Les Précieuses ridicules* (1659).	Cette formulation faussement soutenue, marquée par l'emploi de <u>périphrases</u> et de <u>métaphores</u> inutilement compliquées, montre le désir du personnage noble (Magdelon) de se distinguer de sa domestique (Marotte). Or cette formulation pompeuse ne fait qu'illustrer le **ridicule de sa démarche** et crée une <u>tonalité comique</u>.
« CUIRETTE – Le chauffeur de taxi a dû avoir tellement peur de **toé** qu'**y** doit avoir **pesé su'l'gaz au coton** ! **Y**'a dû te **dropper icitte** comme un paquet qui s'est trompé de pays ! » Michel TREMBLAY, *Hosanna* (1973).	Cette langue populaire (marquée par l'anglicisme *dropper*, la syntaxe orale *y'a* et le régionalisme *au coton*) illustre avec **réalisme** un langage québécois de locuteurs peu scolarisés. Elle révèle une certaine **familiarité** entre le locuteur et son destinataire.

Les jeux lexicaux

Définition

Les jeux lexicaux sont les moyens fantaisistes qu'emploie un locuteur pour donner aux mots une forme et une signification inhabituelles, surprenantes ou nouvelles. Pour ce faire, le locuteur peut inventer des mots (néologismes), modifier une formule connue, déformer des termes déjà existants (orthographe fantaisiste) ou jouer sur la polysémie des mots (jeux de mots). Les formules sont multiples.

Stratégie de repérage ou d'analyse

Pour repérer les jeux lexicaux, tentez de relever les termes nouveaux que vous ne trouvez pas dans le dictionnaire et les expressions amusantes, inhabituelles ou qui se prêtent à une double interprétation.

Demandez-vous quel effet a voulu créer l'auteur en jouant sur les mots : voulait-il simplement faire rire ? s'interroger sur le langage ? critiquer un aspect de la société ? donner plusieurs niveaux de sens à son énoncé ?, etc.

Exemples	Sens ou effets
« Oubliez le **Québécanthrope** ce garçon qui ne ressemble à personne. » Gaston MIRON, « Le Québécanthrope », *L'Homme rapaillé* (1970).	Pour créer ce néologisme, le locuteur a ajouté le suffixe *-anthrope* au nom *Québec*. Il qualifie ainsi un **Québécois qui appartient à une époque révolue**, tel le pithécanthrope (un primate que l'on a présumé être un ancêtre de l'être humain).
« [...] elle se maria et **eut de nombreux amants.** » Louis GAUTHIER, *Anna* (1967).	Dans les contes, on trouve souvent la conclusion : « Ils se marièrent, vécurent heureux et eurent beaucoup d'enfants. » Le locuteur modifie cette expression et la transpose dans une histoire d'amour adultère, où le personnage, après s'être marié, a de *nombreux amants* plutôt que de nombreux enfants. Le pervertissement de la formule convenue crée une **tonalité comique**.
« Calmez-vous, chers indigents, on n'est pas là pour vous faire perdre le nord... On est là passqu'on veut votre **bien**... [...] laissez-nous faire, et vous allez connaître les joies de la **servilisation**... » Marc FAVREAU (Sol), *Faut d'la fuite dans les idées !* (1993). Note : Selon le personnage de Sol, c'est de cette façon que les premiers Français qui ont mis le pied en Amérique du Nord se sont adressés aux autochtones.	Le personnage joue avec les sens du mot *bien*, qui peut représenter le bien-être des autochtones, mais également leur patrimoine. Ainsi, il met en lumière **l'ambiguïté présumée de la position des premiers colons** face aux Amérindiens. De plus, en réunissant les termes *servage* et *civilisation* (mot-valise), le personnage **critique** les Français, qui, selon lui, feront des Amérindiens des esclaves tout en affirmant leur apporter les avantages du monde civilisé (tonalité polémique).

Procédés
syntaxiques et grammaticaux

- **Introduction**
- **Les types de phrase**
  La phrase interrogative, la phrase exclamative,
  la phrase impérative
- **Les formes de phrase**
  La phrase négative, la phrase passive,
  la phrase emphatique, la phrase impersonnelle

- **Le mouvement dans la phrase**
  L'ajout de compléments du nom, l'ajout de
  compléments de phrase, la suspension, l'ellipse
- **Les temps verbaux**
- **Les classes de mots**
  Les déterminants, les noms, les pronoms,
  les adjectifs, les verbes, les adverbes,
  les prépositions, les conjonctions

Introduction

Les procédés syntaxiques et grammaticaux sont les procédés qui relèvent de la construction de la phrase[1], c'est-à-dire de ses types (déclaratif, interrogatif, exclamatif et impératif) et de ses formes (positive ou négative ; active ou passive ; neutre ou emphatique ; personnelle ou impersonnelle), du mouvement dans la phrase (ajout ou omission de groupes de mots), des temps verbaux et des classes de mots. Étant donné que la mission du présent ouvrage est de mettre en lumière les procédés qui produisent un sens ou un effet chez le lecteur, nous avons mis de côté les aspects de la syntaxe et de la grammaire qui ont une valeur plutôt neutre, telles les phrases de type déclaratif, de forme positive, active, neutre ou personnelle.

Exemple

« SCAPIN – Bon. Imaginez-vous que je suis votre père qui arrive, et répondez-moi fermement, comme si c'était à lui-même. Comment, pendard, vaurien, infâme, fils indigne d'un père comme moi, oses-tu bien paraître devant mes yeux, après tes bons déportements, après le lâche tour que tu m'as joué pendant mon absence ? Est-ce là le fruit de mes soins, maraud ? est-ce là le fruit de mes soins ? le respect qui m'est dû ? le respect que tu me conserves ? Allons donc. Tu as l'insolence, fripon, de t'engager sans le consentement de ton père, de contracter un mariage clandestin ? Réponds-moi, coquin, réponds-moi. Voyons un peu tes belles raisons. Oh ! que diable ! vous demeurez interdit !

OCTAVE – C'est que je m'imagine que c'est mon père que j'entends. »
MOLIÈRE, *Les Fourberies de Scapin* (1671).

Indicatif présent

L'emploi de l'indicatif présent (*suis*, *arrive*) permet à Scapin de simuler une situation au moment où il parle.

Compléments du nom

Les compléments du nom (subordonnées relatives) font ressortir l'écart entre les attentes du père (qui demande le respect) et le comportement du fils (qui lui manque de respect).

Phrases interrogatives

Les phrases interrogatives témoignent de l'indignation du personnage.

Phrase impérative

La phrase impérative répétée témoigne du ton autoritaire du père d'Octave.

---

1. Une phrase est une unité généralement composée d'un sujet, d'un prédicat et, parfois, d'un complément de phrase. Certaines phrases à construction particulière ne contiennent aucun verbe conjugué. Entre la majuscule et le point, il est possible de coordonner ou de juxtaposer plusieurs phrases.

Les types de phrase : la phrase interrogative

Définition

La phrase interrogative est normalement utilisée pour poser une question à un interlocuteur ou à soi-même. Cependant, dans certaines situations, la phrase interrogative exprime une affirmation (question rhétorique), une demande ou un ordre.

Stratégie de repérage ou d'analyse

La phrase interrogative se reconnaît souvent par sa structure (inversion du sujet, présence d'un mot interrogatif, etc.) mais aussi, à l'écrit, par le point d'interrogation généralement placé à la fin.

Pour bien comprendre une phrase interrogative, demandez-vous si, dans le contexte où elle est employée, elle témoigne d'une simple curiosité du locuteur, si elle illustre la volonté d'avoir de l'information, d'exprimer un doute, de demander une faveur ou de donner un ordre.

Exemples	Sens ou effets
« CLYTEMNESTRE – **Pourquoi feindre à nos yeux une fausse tristesse ?** **Pensez-vous par des pleurs prouver votre tendresse ?** » Jean RACINE, *Iphigénie* (1674).	Les deux questions posées par Clytemnestre constituent en fait des affirmations fortes (questions rhétoriques). L'héroïne reproche à Agamemnon de faire semblant d'être triste et de tenter de prouver sa tendresse par des pleurs. Présenté sous forme de question, le **reproche** atteint le destinataire de manière plus blessante. L'emploi de <u>termes péjoratifs</u> tels que *feindre* et *fausse* appuie cette idée.
« FIGARO – **Qu'avez-vous fait pour tant de biens !** Vous vous êtes donné la peine de naître, et rien de plus. » BEAUMARCHAIS, *Le Mariage de Figaro* (1784).	Le personnage de Figaro s'interroge sur les actions du comte. Le fait que cette interrogation se termine par un point d'exclamation montre l'**indignation** de Figaro. Ainsi, la question adressée au comte prend la valeur d'un **reproche**. Cet effet est accentué par l'<u>adverbe</u> d'intensité *tant*.
« **Une robe noire ou une robe blanche ?** **Des grands souliers ou des petits ?** » Paul ÉLUARD, « Définitions », *Donner à voir* (1939).	Ces deux questions que le locuteur se pose marquent une **hésitation**. Il semble chercher ce qui sera le plus approprié ou ce qui plaira davantage. Cet effet est amplifié par l'emploi de la <u>conjonction</u> de coordination *ou*.

Les types de phrase : la phrase exclamative

Définition

La phrase exclamative sert à exprimer un énoncé de manière « émotive ».

Stratégie de repérage ou d'analyse

La phrase exclamative se reconnaît par la présence d'un mot exclamatif (*comme*, *que*, etc.) mais aussi, à l'écrit, par le point d'exclamation généralement placé à la fin.

Pour comprendre le sens de la phrase exclamative, demandez-vous quelle émotion est exprimée par le locuteur : la tristesse, la joie, le désespoir, le découragement, la surprise, l'envie, l'angoisse, la pitié, le plaisir, l'admiration, etc. Demandez-vous également ce que la phrase exclamative apporte de plus à l'énoncé.

Exemples	Sens ou effets
« Les bons vergers à l'herbe bleue Aux pommiers tors[1] ! **Comme on les sent toute une lieue** **Leurs parfums forts !** » Arthur RIMBAUD, « Les reparties de Nina », *Cahier de Douai* (1870).	Par la phrase exclamative, le locuteur **fait ressortir la forte impression** que l'odeur capiteuse des pommiers lui a laissée, ce qui donne une plus grande force d'évocation au poème. Le <u>rejet</u> du groupe nominal *leurs parfums forts* contribue également à mettre cette odeur en évidence.
« – **Quelle fille smatte**, pensait Séraphin qui ne la quittait pas des yeux. Et viande à chiens ! **Quelles fesses itou, quelles fesses !** Il ne s'ennuiera pas avec ça, le petit Omer Lefont. **Une vraie belle fille !** » Claude-Henri GRIGNON, *Un homme et son péché* (1933).	Par ces phrases exclamatives, Séraphin **exprime avec force son admiration** pour les attributs de la fille qu'il contemple. Le ton admiratif se justifie également par les <u>adjectifs mélioratifs</u> *smatte* et *vraie belle* ainsi que par la <u>répétition</u> de *quelles fesses*.
« J'ai le cul dans l'eau froide… Mon habit est crotté… […] **Que chus donc écœuré !** » Claude LÉVEILLÉE, « Le petit soldat de chair », *L'Étoile d'Amérique* (1970).	Par la phrase exclamative *Que chus donc écœuré !*, le locuteur **amplifie le sentiment de dégoût** qui l'anime. Ce dégoût est également perceptible par les <u>termes péjoratifs</u> appartenant à une langue familière (*cul, crotté, écœuré*).

---

1. *Tors* : tordus.

Les types de phrase : la phrase impérative

Définition

La phrase impérative est normalement utilisée pour inciter un interlocuteur à faire quelque chose. En employant la phrase impérative, le locuteur s'attend donc à ce que le destinataire adopte le comportement demandé.

Stratégie de repérage ou d'analyse

La phrase impérative se caractérise par l'absence du sujet et par la présence d'un verbe au mode impératif.

Pour comprendre le sens de la phrase impérative, demandez-vous si le locuteur donne un ordre ou un conseil au destinataire, s'il formule une demande, une prière, une invitation ou une interdiction.

Exemples	Sens ou effets
« M. JOURDAIN – **Apprenez-moi l'orthographe.** [...] Après, vous m'apprendrez l'almanach. » MOLIÈRE, *Le Bourgeois gentilhomme* (1670).	La phrase impérative illustre le **ton autoritaire** de M. Jourdain envers son professeur, alors qu'en principe, c'est le professeur qui devrait se montrer autoritaire envers son élève. Cette idée est également marquée par l'emploi du futur de l'indicatif (<u>temps verbal</u>) ainsi que par l'<u>adverbe</u> *après*.
« Ô temps, **suspends ton vol !** et vous, heures propices, **Suspendez votre cours !** » Alphonse de LAMARTINE, « Le lac », *Méditations poétiques* (1820).	Par les deux phrases impératives, le locuteur **implore** le temps et les heures de s'arrêter afin de lui permettre de prolonger ses moments de bonheur. Cette idée est appuyée par les marques du <u>destinataire</u> (les apostrophes *ô temps* et *heures propices*) ainsi que par la ponctuation expressive (points d'exclamation).
« **Enfermons-nous mélancoliques Dans le frisson tiède des chambres, Où les pots de fleurs des septembres Parfument comme des reliques.** » Émile NELLIGAN, « Rêves enclos », *Œuvre* (1903).	Par l'emploi de la phrase impérative, le locuteur **invite** l'être aimé à un moment d'intimité avec lui. Cette notion d'intimité est amplifiée par le <u>sens figuré</u> du verbe *enfermer* ainsi que par l'emploi du <u>pronom</u> de la première personne du pluriel, *nous*.

Les formes de phrase : la phrase négative

Définition

Qu'elle soit de type déclaratif, interrogatif, exclamatif ou impératif, une phrase peut être exprimée à la forme positive ou négative. La négation correspond normalement au fait de nier le contenu d'un énoncé. Cependant, il arrive parfois que la négation serve à contester l'énoncé d'un interlocuteur (négation polémique).

Stratégie de repérage ou d'analyse

La phrase négative se reconnaît par la présence de termes de négation : adverbes (*ne... pas, point, plus, jamais, guère,* etc.), pronoms (*personne, nul, rien,* etc.), déterminants (*aucun, nul,* etc.).

Puisque la négation permet de nier un énoncé, demandez-vous si le locuteur tente de corriger une idée amenée par le destinataire, de prendre position ou de soumettre une vision différente de la réalité. Si, par la négation, le locuteur cherche à contester un interlocuteur, demandez-vous si c'est par esprit de rébellion, pour défendre un principe ou pour provoquer. Finalement, lorsque la négation permet de limiter la portée d'un énoncé, demandez-vous si c'est pour critiquer, se plaindre, dénigrer quelque chose ou quelqu'un, etc.

Exemples	Sens ou effets
« AGAMEMNON – Et qui vous a chargé du soin de ma famille ? Ne pourrai-je, sans vous, disposer de ma fille ? Ne suis-je plus son père ? Êtes-vous son époux ? Et ne peut-elle... ACHILLE – **Non, elle n'est plus à vous.** » Jean RACINE, *Iphigénie* (1674).	En affirmant qu'Iphigénie ne lui appartient plus, Achille s'oppose à Agamemnon, son <u>destinataire</u>. La négation polémique lui permet ainsi de **repousser les arguments** de son interlocuteur.
« Ce **n'**était **pas** pour pêcher la truite Qu'elle s'étendit sur mon radeau » Jean-Pierre FERLAND, « Marie-Claire », *Jean-Pierre Ferland* (1968).	Par une <u>phrase emphatique</u>, le locuteur insiste sur le fait que ce n'était pas dans le but de *pêcher la truite* que la jeune fille s'était étendue (forme négative). Cette insistance ne fait que **suggérer, de manière coquine**, l'intention réelle de sa partenaire. La forme négative a donc ici une grande force évocatrice, puisqu'elle laisse le destinataire s'imaginer ce qu'ont vraiment fait le locuteur et la jeune fille.
« C'est **pas** facile d'être amoureux à Montréal. » BEAU DOMMAGE, « Montréal », *Beau Dommage* (1974).	En niant le caractère facile de la condition amoureuse, le locuteur affirme qu'il est difficile d'aimer. La négation a ici pour effet de **suggérer une idée en niant son contraire**. C'est précisément ce que l'on peut appeler une <u>litote</u>.

Les formes de phrase : la phrase passive

Définition

Qu'elle soit de type déclaratif, interrogatif, exclamatif ou impératif, une phrase peut être active ou passive. Contrairement à la forme active (*Mon ami a posé des questions*), la forme passive est une construction dans laquelle le sujet de la phrase n'est pas le sujet de l'action (*Des questions ont été posées par mon ami*).

Stratégie de repérage ou d'analyse

La phrase passive se reconnaît par la présence de l'auxiliaire *être* suivi d'un participe passé et par la présence (réelle ou possible) d'un complément du verbe commençant par la préposition *par* ou *de*.

Si le locuteur précise qui est responsable de l'action exprimée, demandez-vous si cela produit un effet sur celui qui la subit. Si le locuteur ne précise pas qui est responsable de l'action exprimée, demandez-vous si c'est parce que le locuteur ne connaît pas le responsable, si c'est parce qu'il préfère ne pas le nommer ou si c'est parce qu'il ne juge pas important de le faire (à condition, bien sûr, que le contexte vous permette de faire des hypothèses plausibles sur ce point).

Exemples	Sens ou effets
« Combien vous aurez pitié de moi ! [...] Vous qui avez épuisé tous les chagrins de la vie, que penserez-vous d'un jeune homme sans force et sans vertu, qui trouve en lui-même son tourment, et ne peut guère se plaindre que des maux qu'il se fait à lui-même ? Hélas, ne le condamnez pas ; **il a été trop puni** ! » François-René de CHATEAUBRIAND, *René* (1802).	En se plaçant en position de sujet dans cette phrase passive, le locuteur laisse entendre qu'il n'est que la **victime d'une force extérieure.** Il exprime ainsi sa faiblesse et son apathie envers ce qu'il vit.
« Quand **on est atteint par certaines maladies,** tous les ressorts de l'être physique semblent brisés, toutes les énergies anéanties, tous les muscles relâchés [...]. Je ne peux plus vouloir ; mais quelqu'un veut pour moi ; et j'obéis. » Guy de MAUPASSANT, *Le Horla* (1887).	La phrase passive montre l'**impuissance** du personnage face au mal qui le ronge. Son incapacité est également illustrée par la négation du <u>verbe</u> modalisateur *pouvoir* (*Je ne peux plus vouloir*) ainsi que par l'emploi du <u>verbe</u> d'action *obéir*, seul geste que le personnage est encore en mesure d'accomplir.
« Mais presque aussitôt, nous aperçûmes, là-bas, Augustin qui fermait les volets de la maison et **nous fûmes frappés par l'étrangeté de son allure.** » ALAIN-FOURNIER, *Le Grand Meaulnes* (1913).	L'emploi de la phrase passive permet de présenter les personnages comme des témoins stupéfaits qui sont incapables d'agir à cause de leur trop grand **étonnement**. Les <u>adverbes</u> de temps (*presque aussitôt*) et de lieu (*là-bas*), marquant l'apparition rapide et furtive du personnage, contribuent à accentuer l'ahurissement créé par cette apparition.

Les formes de phrase : la phrase emphatique

Définition

Qu'elle soit de type déclaratif, interrogatif, exclamatif ou impératif, une phrase peut être neutre ou emphatique. Contrairement à la forme neutre (*J'aime le chocolat*), la phrase emphatique permet généralement d'insister sur un élément ou de le mettre en relief (*C'est le chocolat que j'aime* ou *Moi, j'aime le chocolat*).

Stratégie de repérage ou d'analyse

La phrase emphatique se reconnaît soit par l'encadrement de l'élément à mettre en relief au moyen de *c'est... qui/c'est... que* ou de *ce qui... c'est/ce que... c'est*, soit par le détachement d'un élément, repris ou annoncé par un pronom.

Quand la forme emphatique permet d'insister sur un élément, cherchez les raisons qui auraient pu pousser le locuteur à faire ce choix. De plus, demandez-vous ce que la forme emphatique, contrairement à la forme neutre, apporte de plus à l'énoncé.

Exemples	Sens ou effets
« Mais **j'**ai eu, **moi**, autrefois, à suivre une affaire où vraiment semblait se mêler quelque chose de fantastique. Il a fallu l'abandonner, d'ailleurs, faute de moyens de l'éclaircir. » Guy de MAUPASSANT, *La Main* (1883).	Par la phrase emphatique (reprise du sujet *je* par le pronom personnel *moi*), le locuteur insiste sur le fait qu'**il a lui-même eu à traiter cette affaire** et qu'il ne parle donc pas par ouï-dire, afin de mieux convaincre ses interlocuteurs de sa crédibilité.
« CYRANO – Sois satisfait des fleurs, des fruits, même des feuilles, Si **c'est** dans **ton jardin à toi que** tu les cueilles ! » Edmond ROSTAND, *Cyrano de Bergerac* (1897).	Par l'emploi de la double forme emphatique (encadrement par *c'est... que* et reprise de l'élément *ton jardin* par l'expression *à toi*), Cyrano **insiste fortement** sur l'importance de se réaliser par soi-même et de se satisfaire de ses réalisations personnelles.
« Est-**ce** ainsi **que** les hommes vivent Et leurs baisers au loin les suivent » Léo FERRÉ, « Est-ce ainsi que les hommes vivent » (1961), d'après Louis ARAGON, « Bierstube Magie allemande », *Le Roman inachevé* (1956).	Le questionnement existentiel du locuteur, marqué par la phrase interrogative, est amplifié par la phrase emphatique, qui elle-même met l'accent sur la façon dont vivent les hommes (*ainsi*).

Définition

Qu'elle soit de type déclaratif, interrogatif, exclamatif ou impératif, une phrase peut être personnelle ou impersonnelle. Contrairement à la forme personnelle (*Un accident est arrivé*), la forme impersonnelle (*Il est arrivé un accident*) est utilisée pour exprimer un propos en mettant l'accent sur l'événement (sur le groupe verbal).

Stratégie de repérage ou d'analyse

La phrase impersonnelle se reconnaît par son sujet impersonnel (c'est-à-dire sans référent). Ce sujet impersonnel est toujours *il*.

La forme impersonnelle est porteuse de sens surtout lorsqu'elle remplace la forme personnelle. Dans ce cas, demandez-vous pour quelle raison le locuteur a fait ce choix. Est-ce par aliénation, en raison de son incapacité à agir ? Est-ce pour illustrer une contrainte extérieure ? Est-ce par souci d'objectivité ?

Exemples	Sens ou effets
« **Il me fut défendu pendant longtemps de voir Ou de porter les mains à l'objet qui me hante...** » Émile NELLIGAN, « Le cercueil », *Œuvre* (1903).	La phrase impersonnelle fait ressortir la **défense d'agir** qui pèse sur le locuteur, défense qu'il ne peut attribuer à aucun sujet particulier. L'emploi de <u>verbes</u> exprimant des actions qui lui sont interdites (*voir* et *porter les mains*) témoigne de l'état passif dans lequel est plongé le locuteur.
« **Il est donc vrai que mon cœur est mortel.** » Gatien LAPOINTE, « Les sabliers du temps », *Ode au Saint-Laurent* (1963).	La phrase impersonnelle permet au locuteur de donner une **allure d'objectivité, de vérité certaine** à son affirmation. L'emploi du présent de l'indicatif (<u>temps verbal</u>) contribue également à créer cet effet.
« Dans ton p'tit trois et demi bien trop cher, frette en hiver **Il te vient des envies de devenir propriétaire [...]** » MES AÏEUX, « Dégénérations », *En famille* (2004).	L'emploi de la forme impersonnelle met en valeur l'**accroissement des envies** que ressent le personnage, envies qui s'expliquent par ses conditions de vie.

Le mouvement dans la phrase : l'ajout de compléments du nom

Définition

Un complément du nom est un élément qui, dans un groupe du nom, ajoute du sens à un nom ou à un pronom.

Stratégie de repérage ou d'analyse

Les principaux compléments du nom ou du pronom sont le groupe adjectival (*La lune argentée*), le groupe prépositionnel (*La lune de miel*), le groupe nominal (*La lune, astre de la nuit*), la subordonnée relative (*La lune qui brille au loin*) et la subordonnée participiale (*La lune se reflétant dans le lac*).

Les compléments du nom constituent des ajouts de sens souvent importants pour l'interprétation d'un texte. Prêter une attention particulière aux compléments du nom permet de ne pas négliger l'analyse des éléments importants pour la construction du sens. Ainsi, demandez-vous quel sens le complément du nom ajoute au nom ou au pronom auquel il se rapporte. Pour y arriver, cherchez à comprendre le sens et la valeur des termes employés dans le complément. Si les compléments sont nombreux, demandez-vous s'ils créent un effet particulier (d'insistance, d'exagération, de précision, etc.).

Exemples	Sens ou effets
« Alexis était le seul cousin de Poudrier. Père de huit enfants, c'était un paysan par atavisme[1], **travaillant comme une bête**, **courant souvent la galipote** et **dépensant comme un fou**, dans une semaine, tout ce qu'il arrachait au sein de sa **vieille** terre, **labourée**, **ensemencée**, **retournée**, **travaillée** depuis trois générations. » Claude-Henri GRIGNON, *Un homme et son péché* (1933).	Les trois subordonnées participiales qui complètent le nom *paysan* font ressortir les deux **facettes du personnage** d'Alexis, capable de travailler dur mais aussi de profiter de la vie. De plus, l'adjectif *vieille*, qui complète le nom *terre*, est une marque affective qui montre l'**attachement du paysan pour sa terre**, à laquelle il apporte beaucoup de soins. L'accumulation des participes-adjectifs (*labourée, ensemencée, retournée, travaillée*) met en valeur ces soins apportés à la terre par le paysan.
« Monsieur Haneda était le supérieur de monsieur Omochi, **qui était le supérieur de monsieur Saito**, **qui était le supérieur de mademoiselle Mori**, **qui était ma supérieure**. Et moi, je n'étais la supérieure de personne. » Amélie NOTHOMB, *Stupeur et tremblements* (1990).	L'accumulation de compléments du nom (subordonnées relatives) **témoigne, avec humour, des liens hiérarchiques** qui unissent tous les personnages. La tonalité comique est également produite par la répétition de la formulation *qui était le supérieur de*.

---

1. *Atavisme* : hérédité.

Le mouvement dans la phrase : l'ajout de compléments de phrase

Définition

Un complément de phrase est un élément qui ajoute du sens à l'ensemble de la phrase, en précisant les circonstances de l'événement : le temps, le lieu, la cause, la conséquence, le but, etc.

Stratégie de repérage ou d'analyse

On reconnaît un complément de phrase par le fait qu'il est mobile (il peut se trouver à divers endroits dans la phrase), qu'il est facultatif (il peut être supprimé) et qu'il complète l'ensemble de la phrase et non un mot en particulier.

Les compléments de phrase constituent des ajouts de sens souvent importants pour l'interprétation d'un texte. Prêter une attention particulière aux compléments de phrase permet de ne pas négliger l'analyse des éléments importants pour la construction du sens. Ainsi, demandez-vous quel sens le complément de phrase ajoute à l'énoncé. Pour y arriver, cherchez à comprendre le sens et la valeur des termes employés dans le complément. Déterminez également l'effet créé par la position qu'occupe le complément dans la phrase. Si les compléments sont nombreux, demandez-vous s'ils créent un effet particulier (d'insistance, d'exagération, de précision, etc.).

Exemples	Sens ou effets
« **Demain, dès l'aube, à l'heure où blanchit la campagne,** Je partirai. Vois-tu, je sais que tu m'attends. » Victor HUGO, « Demain, dès l'aube », *Les Contemplations* (1856).	La succession de compléments de phrase, en <u>gradation</u> (repères temporels de plus en plus précis), indique la **planification minutieuse** d'un projet important pour le locuteur, celui d'aller se recueillir sur le tombeau de sa fille.
« **Devant la porte de l'usine** le travailleur soudain s'arrête le beau temps l'a tiré par la veste » Jacques PRÉVERT, « Le temps perdu », *Paroles* (1936).	En plaçant un complément de lieu en tête de phrase, le locuteur **met en relief l'endroit précis** où le personnage remet en question l'horaire de sa journée : *Devant la porte de l'usine*, puisqu'en passant son seuil, il ne pourra profiter du beau temps. Par l'<u>adverbe</u> *soudain*, le locuteur précise que cette remise en question du personnage est impulsive et spontanée.
« **Aujourd'hui**, maman est morte. Ou **peut-être hier**, je ne sais pas. J'ai reçu un télégramme de l'asile : "Mère décédée. Enterrement demain. Sentiments distingués." Cela ne veut rien dire. C'était **peut-être hier.** » Albert CAMUS, *L'Étranger* (1942).	Les compléments de temps *aujourd'hui* et *peut-être hier* montrent l'**incertitude** du personnage quant au moment où la mort de sa mère s'est produite, comme s'il avait perdu la notion du temps ou qu'il était indifférent aux événements. Cette idée est appuyée par la <u>répétition</u> de *peut-être hier* ainsi que par la <u>phrase négative</u> *je ne sais pas*.

Le mouvement dans la phrase : la suspension

Définition

La suspension consiste à laisser une pensée inachevée ou à marquer un arrêt dans l'expression.

Stratégie de repérage ou d'analyse

On reconnaît une suspension par la présence de points de suspension.

Pour comprendre le sens de la suspension, demandez-vous pour quelle raison le locuteur a interrompu son propos ou pour quelle raison son interlocuteur lui a coupé la parole. Est-ce parce que le locuteur est hésitant ou troublé? Est-ce parce qu'il a changé d'idée? Est-ce parce que son interlocuteur veut l'empêcher de parler? Et, dans ce cas, pourquoi veut-il l'en empêcher?, etc.

Exemples	Sens ou effets
«LE COMTE – Quel homme est-ce? [...] FIGARO – Brutal, avare, amoureux et jaloux à l'excès de sa pupille, qui le hait à la mort. LE COMTE – **Ainsi ses moyens de plaire sont...** FIGARO – Nuls.» BEAUMARCHAIS, *Le Barbier de Séville* (1775).	La suspension montre que c'est Figaro qui prend la parole pour continuer la phrase à la place du comte, qui **n'ose aller au bout de sa pensée.**
«[...] qui me conseillera dans l'embarras où je me trouve? **Ce M. de Valmont...** et Danceny! Non, l'idée de Danceny me met au désespoir... Comment vous raconter? **comment vous dire?...** Je ne sais comment faire.» Choderlos de LACLOS, *Les Liaisons dangereuses* (1782). Note : Il s'agit d'une lettre de Cécile à la Marquise de Merteuil.	La suspension témoigne du **trouble** de Cécile, qui ne sait ni comment agir ni comment exprimer ce qu'elle ressent. Les <u>phrases interrogatives</u> illustrent également son état d'incertitude.
«VALVERT – **Vous...** vous avez **un nez... heu... un nez...** très grand.» Edmond ROSTAND, *Cyrano de Bergerac* (1897).	Les suspensions illustrent l'**absence d'esprit** du personnage, qui cherche à insulter son interlocuteur, Cyrano, mais qui ne trouve pas les mots nécessaires pour y parvenir. Cette idée est également appuyée par l'expression somme toute assez banale qu'il finit par trouver, soit *Vous avez un nez très grand.*
«La neige, qui n'a pas cessé de tomber depuis trois jours, bloque les routes. Je n'ai pu me rendre à **R...** où j'ai coutume depuis quinze jours de célébrer le culte deux fois par mois.» André GIDE, *La Symphonie pastorale* (1919).	La suspension permet au locuteur de passer sous silence le nom du lieu où il devait se rendre. Ce choix narratif donne un **caractère plus réaliste** au récit, puisque le locuteur semble cacher délibérément un lieu que le lecteur pourrait reconnaître.

Le mouvement dans la phrase : l'ellipse

Définition

L'ellipse consiste à supprimer des mots dans une phrase, sans en altérer le propos.

Stratégie de repérage ou d'analyse

On reconnaît l'ellipse par le fait que l'on peut facilement restituer les mots supprimés dans la phrase pour la rendre complète. Dans l'exemple que voici, la deuxième phrase est incomplète : *Je ferai le ménage et toi, le repas.* Cette deuxième phrase fait l'ellipse du verbe *faire* pour éviter de le répéter. Mais il est permis de la rendre complète en y restituant ce verbe : *Je ferai le ménage et toi, tu feras le repas.*

Outre le fait d'éviter la redondance, l'ellipse peut produire un effet précis dans un texte. Pour en saisir la portée, demandez-vous en quoi la suppression de certains termes modifie le rythme de la phrase et donne plus de force aux propos tenus par le locuteur.

Exemples	Sens ou effets
« **Une orange sur la table** **Ta robe sur le tapis** Et **toi dans mon lit** **Doux présent du présent** **Fraîcheur de la nuit** **Chaleur de ma vie.** » Jacques PRÉVERT, « Alicante », *Paroles* (1936).	La suppression de *il y a* dans les trois premiers vers et de *tu es* dans les trois derniers **fait apparaître avec plus de netteté les images** évoquées par le locuteur, comme une succession d'instantanés photographiques, tout en créant un <u>rythme</u> plus rapide.
« Ah ! ce n'est pas la peine qu'on en vive Quand on en meurt si bien **Pas la peine** de vivre Et voir cela mourir, mourir Le soleil et les étoiles » Hector de SAINT-DENYS GARNEAU, « Ah ! ce n'est pas la peine », *Poésies* (1949).	En supprimant la première partie de la phrase à présentatif (*ce n'est*), le locuteur **met l'accent sur le propos** de la phrase et, surtout, sur la négation *Pas la peine de vivre*. Cette idée est accentuée par l'interjection *Ah !*, au début de la strophe, et par la <u>répétition</u> de *pas la peine*.
« D'un peu de ciment : **la ville** D'une flaque d'eau : **la mer** D'un caillou, j'ai fait mon île D'un glaçon, j'ai fait l'hiver. » Gilles VIGNEAULT, « Chanson », *Silences* (1957-1977).	En supprimant *j'ai fait* dans les deux premiers vers, le locuteur **crée un rythme régulier** (sept syllabes par vers) et accentue ainsi la musicalité des vers. Cet effet est également produit par l'<u>anaphore</u> *D'un[e]* au début des vers.

Les temps verbaux

Définition

De manière générale, les temps verbaux indiquent le moment de l'action.

Stratégie de repérage ou d'analyse

Pour identifier le temps d'un verbe, il faut observer sa terminaison. Au besoin, on peut se référer à des tableaux de conjugaison.

Les temps de l'indicatif servent à marquer si une action se produit au moment même où l'énoncé est émis, ou bien avant ou après ce moment (temps présent, passé composé, passé simple, imparfait, futur simple), ou à marquer le moment où un autre événement se produit (temps plus-que-parfait, passé antérieur, futur antérieur, futur du passé, futur antérieur du passé). En outre, le présent peut servir à exprimer une vérité générale ; l'imparfait, une habitude, une action répétée dans le passé ou une demande atténuée ; le futur simple, une promesse, un ordre ou une prédiction. Les temps des autres modes verbaux, plus limités, indiquent si une action est passée ou en cours.

Exemples	Sens ou effets
« Tous la **verront** passer, feuille sèche à la brise Qui tourbillonne, tombe et se fane en la nuit ; Mais nul ne l'**aimera**, nul ne l'**aura comprise**. » Émile NELLIGAN, « La passante », *Œuvre* (1903).	Par l'emploi du futur (simple et antérieur), le locuteur **prédit** le triste destin de la pauvre passante aperçue dans un parc. Le futur antérieur marque ce qui précède l'événement au futur simple : personne ne comprendra la passante, par conséquent, personne ne l'aimera. Ce sens est également exprimé par l'opposition entre les <u>pronoms</u> indéfinis *tous* et *nul*.
« On ne **voit** bien qu'avec le cœur. » Antoine de SAINT-EXUPÉRY, *Le Petit Prince* (1943).	Dans cet énoncé, prononcé par le renard et adressé au petit Prince, le présent a une **valeur de vérité générale**. Cette phrase remplit une fonction didactique : par elle, le renard cherche à instruire son compagnon. Cette <u>tonalité didactique</u> est marquée par l'utilisation du <u>pronom</u> indéfini *on*, qui permet au renard de généraliser son propos.
« Je t'**aimais**, je t'**aime** et je t'**aimerai**. » Francis CABREL, « Je t'aimais, je t'aime et je t'aimerai », *Samedi soir sur la terre* (1994).	L'emploi des temps imparfait, présent et futur simple dans ce même énoncé montre le **caractère intemporel et durable** de l'amour éprouvé par le locuteur. C'est la déclaration d'amour par excellence !

Les classes de mots : les déterminants

Définition

Le déterminant est un mot qui précède toujours le nom et qui permet d'identifier un être ou une chose, ou d'indiquer une quantité.

Stratégie de repérage ou d'analyse

L'étude de certains déterminants peut parfois apporter des informations utiles pour l'analyse d'un texte. Voici un classement des principaux déterminants :

- déterminants démonstratifs, qui servent à désigner un référent connu (*ce, cet, cette, ces*) ;
- déterminants possessifs, qui marquent un rapport d'appartenance, de parenté, de possession, etc. (*mon, ton, son, ma, ta, sa, mes, tes, ses, notre, votre, leur, nos, vos, leurs*) ;
- déterminants numéraux, qui expriment un nombre (*un, deux, trois…*) ;
- déterminants indéfinis, qui expriment une quantité ou une réalité quelconque, imprécise, etc. (*un, une, des, du, de la, certains, tout, plusieurs, quelques, chaque, beaucoup de, aucun, nul…*) ;
- déterminants définis, qui désignent un élément identifiable (*la, les, l', au, aux, du, des*).

Pour dégager du sens de l'emploi des déterminants, posez-vous les questions suivantes : Y a-t-il plusieurs déterminants de même nature ? Y a-t-il une opposition entre des déterminants employés au singulier et d'autres employés au pluriel ? Y a-t-il une opposition entre le général et le particulier, etc. ?

Exemples	Sens ou effets
« Il [Séraphin] coupait du bois […]. Il en coupait et il en sciait **vingt**, **trente**, **quarante** cordes, qu'il vendait au village à raison de **un** dollar **soixante-quinze** la corde, toujours **vingt-cinq** sous plus cher que les autres […]. » Claude-Henri GRIGNON, *Un homme et son péché* (1933).	L'insistance sur les nombres (déterminants numéraux) met en valeur le **caractère calculateur** du personnage, particulièrement en ce qui concerne l'argent. L'énumération de déterminants fait également ressortir l'avarice de Séraphin.
« *Qué va*, dit le gamin. Y a **beaucoup de** bons pêcheurs et puis y a **des très grands** pêcheurs. Mais y en a qu'**un** comme toi. » Ernest HEMINGWAY, *Le Vieil Homme et la Mer* (1952).	Le passage du déterminant indéfini *beaucoup de* à *des* puis à *un*, associé à la gradation *bons pêcheurs, très grands pêcheurs, toi*, exprime le **caractère unique** du pêcheur à qui l'enfant s'adresse.
« **Mon** pays, ce n'est pas **un** pays, c'est **l'**hiver » Gilles VIGNEAULT, « Mon pays » (1964).	L'utilisation du déterminant possessif *mon* exprime le **sentiment d'appartenance** du locuteur envers son pays, auquel il refuse d'accoler un déterminant indéfini (*un*), qui nierait sa spécificité. La phrase emphatique (*Mon pays […] c'est […]*) vient accentuer cette spécificité.

Les classes de mots : les noms

Définition

Le nom est un mot qui peut être précédé d'un déterminant et accompagné d'un adjectif. Il permet de nommer un être ou une chose.

Stratégie de repérage ou d'analyse

La catégorie à laquelle appartient un nom peut, dans certains cas, apporter des informations utiles. Il existe plusieurs catégories de noms :

- noms abstraits/concrets (*désir, cauchemar.../porte, fleur...*) ;
- noms individuels/collectifs (*personne, raisin, abeille.../foule, grappe, essaim...*) ;
- noms animés/non animés (*lion, fourmi, artiste.../écorce, roc, pupitre...*) ;
- noms humains/non humains (*professeur, chanteur.../éléphant, serpent...*) ;
- noms comptables/non comptables (*caillou, robe.../eau, sel, amitié...*).

Pour dégager du sens de l'emploi des noms, demandez-vous si l'on en trouve plusieurs d'une même catégorie dans le texte que vous analysez. Demandez-vous également si l'on trouve des oppositions entre deux catégories de noms au sein d'un même extrait. Une fois que vous avez repéré les noms qui semblent pertinents, cherchez leur définition afin de bien en comprendre le sens (propre ou figuré) et tentez de déterminer si la catégorie à laquelle ils appartiennent a une valeur dans le texte.

Exemples	Sens ou effets
« J'ai été à cette noce de Mlle de Louvois : que vous dirais-je ? [...] **habits** rabattus et rebrochés d'**or**, **pierreries**, **brasiers** de **feu** et de **fleurs**, embarras de **carrosses** [...] ; du milieu de tout cela, il sortit quelques questions de votre santé, où ne m'étant pas assez pressée de répondre, ceux qui les faisaient sont demeurés dans l'**ignorance** et dans l'**indifférence** de ce qui en est : ô **vanité** des vanités ! » Madame de SÉVIGNÉ, lettre rédigée le 29 novembre 1679.	Dans cet extrait, les nombreux noms concrets (*habits, or, pierreries, carrosses*) renvoient au monde extérieur, à la **richesse matérielle**, alors que les noms abstraits (*ignorance, indifférence, vanité*) montrent l'**idée plutôt négative** que se fait la locutrice à partir de ce qu'elle observe. La valeur du vocabulaire appuie d'ailleurs cette idée : la locutrice emploie des <u>termes mélioratifs</u> pour décrire les apparences et un <u>vocabulaire péjoratif</u> pour parler de ce qui se cache derrière celles-ci.
« [...] c'était toujours à la barrière Poissonnière qu'elle revenait, le cou tendu, s'étourdissant à voir couler [...] le **flot** ininterrompu d'**hommes**, de **bêtes**, de **charrettes** [...]. Il y avait là un piétinement de **troupeau**, une **foule** que de brusques arrêts étalaient en **mares** sur la chaussée, un **défilé** sans fin d'**ouvriers** allant au travail [...]. Lorsque Gervaise, parmi tout ce **monde**, croyait reconnaître Lantier, elle se penchait davantage, au risque de tomber ; puis, elle appuyait plus fortement son mouchoir sur la bouche, comme pour renfoncer sa douleur. » Émile ZOLA, *L'Assommoir* (1877).	Les noms collectifs (*troupeau, foule, défilé, monde*) combinés aux noms employés au pluriel (*hommes, bêtes, charrettes, ouvriers*) témoignent de la **marée humaine** qui déambule devant la fenêtre de Gervaise. L'<u>énumération</u> de cette foule contribue au drame du personnage qui, désespérément, y cherche son compagnon de vie, Lantier.

Les classes de mots : les pronoms

Définition

Le pronom est un mot qui permet de reprendre un élément du texte ou qui désigne une réalité hors texte.

Stratégie de repérage ou d'analyse

L'étude de certains pronoms peut parfois apporter des informations utiles pour l'analyse d'un texte. Voici un classement des principaux pronoms :

◆ pronoms démonstratifs, qui servent à désigner un référent connu (*celui, ceux, celle, celles, celui-ci, celle-là, ceci, cela...*) ;

◆ pronoms possessifs, qui marquent un rapport d'appartenance, de parenté, de possession, etc. (*le mien, les tiens, la sienne, le leur...*) ;

◆ pronoms indéfinis, qui expriment une quantité ou une réalité quelconque, imprécise, etc. (*on, rien, personne, quelqu'un, quelque chose, chacun, tous, certains, plusieurs...*) ;

◆ pronoms personnels, qui désignent une personne ou une chose (*je, te, soi, lui, on, nous, elles...*).

Pour dégager du sens de l'emploi des pronoms, demandez-vous si l'on en trouve plusieurs d'une même catégorie dans le texte que vous analysez. Demandez-vous aussi si la catégorie à laquelle ils appartiennent a une valeur dans le texte.

Exemples	Sens ou effets
«VALÈRE – Appelez-vous **cela** un vol ? HARPAGON – Si je l'appelle un vol ! un trésor comme **celui-là** ! VALÈRE – **C**'est un trésor, il est vrai, [...] mais ce ne sera pas **le** perdre que de me **le** laisser.» MOLIÈRE, *L'Avare* (1668).	L'emploi de pronoms démonstratifs et personnels, dont les référents ne sont pas clairement définis par le contexte, crée ici un **quiproquo** : alors qu'Harpagon parle de sa cassette pleine d'argent, qu'il s'est fait voler, Valère demande à Harpagon la main de sa fille. Pour Valère, le *trésor* est, au sens figuré, sa fiancée, alors qu'Harpagon a véritablement perdu son trésor (sens propre).
«Il y a de la place pour **tous** et pour **chacun**.» Georges MOUSTAKI, «Déclaration» (1973).	La présence dans une même phrase des pronoms indéfinis *tous*, qui marque la **totalité**, et *chacun*, qui marque l'**individualité**, montre l'importance particulière accordée à la fois à la collectivité et à la personne. La phrase impersonnelle ajoute une valeur de vérité universelle à cette déclaration.
«Quand je joue, je pense à **vous** Quand je redeviens **moi**, je pense encore à **toi**» Jean-Pierre FERLAND, «Le doux billet doux», *Y'a pas deux chansons pareilles* (1981).	Cet extrait met en scène un homme qui a été abandonné par une femme, qui l'a quitté pour un autre. Bien qu'il essaie de faire semblant de ne pas en être affecté (il *joue*), les pronoms personnels *moi* et *toi* expriment la **relation profonde** qui existe encore entre cette femme et lui, alors que le pronom personnel *vous* témoigne de la **distance** qui le sépare du couple nouvellement formé.

Les classes de mots : les adjectifs

Définition

L'adjectif est un mot qui apporte un supplément d'information à un nom ou à un pronom. Certains adjectifs permettent de mieux voir, entendre, sentir, etc., ce qui est exprimé. D'autres adjectifs permettent plutôt de saisir la perception ou l'attitude du locuteur par rapport à ce qu'il exprime.

Stratégie de repérage ou d'analyse

Le repérage de certaines catégories d'adjectifs peut parfois constituer une porte d'entrée intéressante pour l'analyse d'un texte. Voici quelques catégories courantes d'adjectifs :

◆ adjectifs qui marquent des caractéristiques physiques (*long, solide, rapide, rouge...*) ;
◆ adjectifs qui marquent la position dans l'espace (*horizontal, centré...*) ;
◆ adjectifs qui marquent la durée (*lent, bref...*) ;
◆ adjectifs qui expriment un jugement esthétique (*laid, magnifique, démodé...*) ;
◆ adjectifs qui expriment un jugement moral (*inacceptable, poli, bon...*) ;
◆ adjectifs qui expriment un jugement affectif (*gentil, mignon, distant, distrait...*).

Pour dégager du sens de l'emploi des adjectifs, demandez-vous si l'on en trouve plusieurs d'une même catégorie dans le texte que vous analysez. Une fois que vous avez repéré les adjectifs qui semblent pertinents, cherchez leur définition afin de bien en comprendre le sens (propre ou figuré) et tentez de déterminer si la catégorie à laquelle ils appartiennent a une valeur dans le texte.

Exemples	Sens ou effets
«Grandoïne était **preux et vaillant**, **courageux et hardi** au combat. Sur son chemin il rencontre Roland [qui] le frappe d'un [...] terrible coup [...].» *La Chanson de Roland* (vers 1080-1100).	Par les adjectifs exprimant un jugement moral, le locuteur met en lumière les **vertus guerrières** de Grandoïne. En le frappant, Roland prouve ainsi son héroïsme, puisqu'il se mesure à un adversaire de taille. Ces adjectifs contribuent d'ailleurs à créer une <u>tonalité épique</u>.
« [Rastignac] vint dans la salle à manger **nauséabonde** où il aperçut, comme des animaux à un râtelier, les dix-huit convives en train de se repaître. Le spectacle de ces misères et l'aspect de cette salle lui furent **horribles**. La transition était trop **brusque**, le contraste trop complet, pour ne pas développer outre mesure chez lui le sentiment de l'ambition. D'un côté, les **fraîches** et **charmantes** images de la nature sociale la plus **élégante**, des figures **jeunes**, **vives**, encadrées par les merveilles de l'art et du luxe, des têtes **passionnées pleines** de poésie ; de l'autre, de **sinistres** tableaux bordés de fange, et des faces où les passions n'avaient laissé que leurs cordes et leur mécanisme.» Honoré de BALZAC, *Le Père Goriot* (1834-1835).	Les adjectifs qui expriment un jugement esthétique contribuent à établir un **contraste** entre la pension Vauquer, qui inspire le **dégoût** à Rastignac (*nauséabonde, horribles*), et les salons de l'aristocratie parisienne, qui suscitent chez lui l'**admiration** (*fraîches, jeunes, passionnées*). Dans cette optique, les adjectifs qui décrivent la pension Vauquer sont <u>péjoratifs</u>, alors que ceux qui décrivent les salons sont <u>mélioratifs</u>.

Les classes de mots : les verbes

Définition

Le verbe est un mot qui peut se conjuguer.

Stratégie de repérage ou d'analyse

Le repérage de certaines catégories de verbes peut parfois constituer une porte d'entrée intéressante pour l'analyse d'un texte. Voici quelques catégories de verbes :

◆ verbes d'action (*manger, écrire, rire...*) ;

◆ verbes de perception (*voir, entendre, toucher...*) ;

◆ verbes de sentiment (*aimer, détester...*) ;

◆ verbes de parole (*dire, crier, affirmer...*) ;

◆ verbes d'opinion (*penser, croire...*) ;

◆ verbes performatifs (*ordonner, suggérer, remercier, féliciter, promettre, interdire...*) ;

◆ verbes modalisateurs (*pouvoir, devoir, vouloir, falloir...*).

Pour dégager du sens de l'emploi des verbes, demandez-vous si l'on en trouve plusieurs d'une même catégorie dans le texte que vous analysez. Demandez-vous aussi si la catégorie à laquelle ils appartiennent a une valeur dans le texte.

Exemples	Sens ou effets
« Je **déclare** l'état de bonheur permanent et le droit de chacun à tous les privilèges. » Georges MOUSTAKI, « Déclaration » (1973).	Le verbe *déclarer* joue ici le rôle d'un verbe performatif : le simple fait de prononcer ce mot constitue un **acte solennel**.
« [Et] toi qui **montes**, **chantes**, et qui **cours**, **vas**, **descends**, et **plantes**, **couds**, **cuisines**, **écris**, **cloues**, et **reviens**, si tu t'en vas, c'est que l'hiver a commencé. » Pablo NERUDA, « Midi, poème 38 », *La Centaine d'amour* (1973).	La longue énumération de verbes d'action fait ressortir la **vitalité** de l'interlocuteur. Cette accumulation de verbes crée un rythme qui appuie cette vitalité présente sur le plan du contenu.
« L'opium **agrandit** ce qui n'a pas de bornes, **Allonge** l'illimité, **Approfondit** le temps, **creuse** la volupté, Et de plaisirs noirs et mornes **Remplit** l'âme au-delà de sa capacité. » Charles BAUDELAIRE, « Le poison », *Les Fleurs du mal* (1857).	Les verbes d'action permettent au locuteur de décrire les **multiples effets** de l'opium. Les verbes du champ lexical de l'agrandissement (*agrandir, allonger, approfondir, creuser*) révèlent la sensation de dilatation, d'infini que ressent le locuteur au contact de l'opium, alors que le verbe *remplir* fait ressortir la sensation de plénitude des *plaisirs noirs*.

Les classes de mots : les adverbes

Définition

L'adverbe est un mot invariable qui modifie le sens d'un adjectif, d'un verbe ou d'un adverbe.

Stratégie de repérage ou d'analyse

Le repérage de certaines catégories d'adverbes peut ajouter des informations pertinentes à l'analyse d'un texte. Voici quelques catégories d'adverbes :

◆ adverbes de temps (*demain, déjà, aussitôt*…) ;

◆ adverbes de lieu (*ici, ailleurs, partout*…) ;

◆ adverbes de manière (*mal, vite, bien*…) ;

◆ adverbes de quantité (*beaucoup, davantage, moins*…) ;

◆ adverbes d'intensité, également appelés superlatifs (*trop, si, tant, tellement*…) ;

◆ adverbes d'organisation textuelle (*d'abord, ensuite, puis, enfin*…) ;

◆ adverbes de point de vue (ou modalisateurs), qui permettent d'insérer un commentaire dans un énoncé (*apparemment, peut-être, franchement, sans doute*…).

Pour dégager du sens de l'emploi des adverbes, demandez-vous si l'on en trouve plusieurs d'une même catégorie dans le texte que vous analysez. Demandez-vous aussi si la catégorie à laquelle ils appartiennent a une valeur dans le texte.

Exemples	Sens ou effets
« Rien n'était **si** beau, **si** leste, **si** brillant, **si** bien ordonné que les deux armées. Les trompettes, les fifres, les hautbois, les tambours, les canons, formaient une harmonie telle qu'il n'y en eut jamais en enfer. » VOLTAIRE, *Candide* (1759).	La répétition de l'adverbe d'intensité *si* met en lumière l'**ironie** du locuteur, qui simule l'admiration devant les deux armées qui s'apprêtent à commettre des atrocités. L'association des *canons* aux instruments de musique marque également cette ironie.
« J'ai **trop** vu, **trop** senti, **trop** aimé dans ma vie. » Alphonse de LAMARTINE, « Le vallon », *Méditations poétiques* (1820).	L'adverbe d'intensité *trop*, qui modifie les verbes de perception et de sentiment *voir*, *sentir* et *aimer*, laisse transparaître un **sentiment d'excès**, une incapacité à vivre davantage. L'expression de ces émotions intenses contribue à créer une tonalité lyrique.
« **Ailleurs** C'est peut-être **loin** Ou c'est peut-être **à côté** **Ailleurs** C'est peut-être avec moi **Quelque part** entre nous Faudrait y aller. » Jean-Pierre FERLAND, « Prologue », *Jaune* (1970).	Par les adverbes de lieu (*ailleurs, loin, à côté, quelque part*), le locuteur **invite le destinataire à participer à sa quête**, même s'il ne sait pas où cela va le mener. La répétition de l'adverbe de point de vue *peut-être* marque d'ailleurs cette incertitude.

Les classes de mots : les prépositions

Définition

La préposition est un mot invariable qui permet d'introduire un groupe du nom (*pour la vie*), un pronom (*pour tous*), un adverbe (*pour demain*), une subordonnée (*pour quand tu voudras*) ou un groupe prépositionnel (*pour dans trois jours*).

Stratégie de repérage ou d'analyse

La catégorie à laquelle appartient une préposition peut, dans certains cas, apporter des informations utiles. Voici quelques catégories de prépositions :

- situation dans l'espace (*dans, à côté de, sur, vers, chez, jusqu'à, sous...*) ;
- situation dans le temps (*depuis, pendant, après, avant...*) ;
- coprésence (*avec...*) ;
- absence (*sans...*) ;
- opposition (*malgré, contre...*) ;
- but (*pour, envers...*) ;
- manière (*selon, avec, par...*) ;
- cause (*à cause de, grâce à...*).

Pour dégager du sens de l'emploi des prépositions, demandez-vous si l'on en trouve plusieurs d'une même catégorie dans le texte que vous analysez et si elles sont employées de façon inusitée. Demandez-vous également si l'on trouve des oppositions entre deux catégories de prépositions au sein d'un même extrait.

Exemples	Sens ou effets
« **Au-dessus** des étangs, **au-dessus** des vallées, Des montagnes, des bois, des nuages, des mers, **Par-delà** le soleil, **par-delà** les éthers, **Par-delà** les confins des sphères étoilées, Mon esprit, tu te meus avec agilité. » Charles BAUDELAIRE, « Élévation », *Les Fleurs du mal* (1857).	Par la <u>répétition</u> de prépositions désignant une situation dans l'espace, le locuteur a **l'impression de survoler** la nature et de s'élever graduellement dans le ciel. Dans cette optique, l'<u>énumération</u> des lieux contribue elle aussi à créer l'effet d'élévation.
« On reconnaît d'un coup d'œil ceux qui vivent **avec**, **malgré** ou **parmi** les autres. » Gilbert CESBRON.	L'<u>énumération</u> de prépositions vient **préciser trois types de relations sociales** : vivre en compagnie des autres (*avec* eux), mener sa destinée sans se laisser freiner ou influencer par les autres (*malgré* eux), vivre comme tous les autres (*parmi* eux).
« Je marche **à côté d'**une joie D'une joie qui n'est pas à moi D'une joie à moi que je ne puis pas prendre » Hector de SAINT-DENYS GARNEAU, « Accompagnement », *Regards et jeux dans l'espace* (1937).	La préposition *à côté de* indique que les pas du locuteur et la joie suivent des chemins parallèles. Cette joie hors d'atteinte marque l'**aliénation** du locuteur, qui vit comme étranger à ses propres sentiments. La forme négative des <u>compléments du nom</u> exprime également cette incapacité.

Les classes de mots : les conjonctions

Définition

La conjonction est un mot invariable qui met en relation deux éléments de même fonction (coordination) ou un élément dépendant d'un autre (subordination).

Stratégie de repérage ou d'analyse

Le repérage de certaines conjonctions peut apporter des informations utiles à l'analyse d'un texte. Voici quelques catégories de conjonctions en fonction de leur valeur sémantique :

◆ valeur d'addition (*et, aussi, de plus, en outre, en plus de ce que, outre que...*) ;

◆ valeur d'alternative (*ou, ou bien, soit... soit, tantôt... tantôt...*) ;

◆ valeur de comparaison et de manière (*autant... autant, plus... moins, ainsi que...*) ;

◆ valeur de cause (*car, en effet, d'ailleurs, du reste, comme, parce que...*) ;

◆ valeur de justification (*car, en effet, au point que, de façon que, de manière que...*) ;

◆ valeur de conséquence (*ainsi, aussi, par conséquent, au point que, de manière que...*) ;

◆ valeur d'opposition, de concession ou de restriction (*mais, cependant, néanmoins, or, par contre, sinon, du moins, alors que, au lieu que...*).

Pour dégager du sens de l'emploi des conjonctions dans le texte que vous analysez, demandez-vous à quelles catégories elles appartiennent et quelle est la valeur sémantique de ces catégories. Demandez-vous même s'il y a une absence de conjonction qui crée un effet quelconque.

Exemples	Sens ou effets
« Selon que vous serez puissant **ou** misérable Les jugements de cour vous rendront blanc **ou** noir. » Jean de LA FONTAINE, « Les animaux malades de la peste », *Fables* (1668-1693).	L'emploi de la conjonction *ou*, qui marque l'alternative, montre l'**absence de nuance** dans les jugements de la cour, qui détermine la culpabilité de l'accusé en ne tenant compte que de son statut social. La répétition du *ou* accentue cet effet.
« J'ai perdu ma force **et** ma vie **Et** mes amis **et** ma gaieté » Alfred de MUSSET, « Tristesse », *Poésies nouvelles* (1852).	La répétition de la conjonction d'addition *et* crée un effet d'accumulation de toutes les choses essentielles que le locuteur a perdues. Celui-ci exprime ainsi son **lourd sentiment de perte**, ce qui contribue à créer une tonalité lyrique.
« Pendant six mois, j'errai de Gênes à Venise, de Venise à Florence, de Florence à Rome, de Rome à Naples. » Guy de MAUPASSANT, *L'Inutile Beauté* (1890).	L'absence de la conjonction d'addition *et* devant le dernier terme de l'énumération contribue à créer un **effet de continuité**, de perpétuel déplacement. Cet effet est amplifié par l'énumération des noms de lieux.

Procédés stylistiques

4

- **Introduction**
- **Les figures de rapprochement d'éléments analogues**
  La comparaison, la métaphore, la personnification, l'allégorie
- **Les figures de rapprochement d'éléments opposés**
  L'antithèse, l'oxymore

- **Les figures de substitution**
  La métonymie, la périphrase, l'euphémisme, la litote, l'antiphrase
- **Les figures d'amplification et d'insistance**
  L'hyperbole, l'énumération et l'accumulation, la gradation, la répétition et l'anaphore, le pléonasme
- **Les figures syntaxiques**
  Le parallélisme, le chiasme

Introduction

Les procédés stylistiques (figures de style) sont des moyens de produire des effets. Ils se distinguent des formulations neutres du discours. Ainsi, s'il est banal de dire *Il fait noir*, il est plus étonnant d'entendre *La nuit est d'ébène*, comme l'écrit Jean Leloup dans sa chanson « L'antiquaire ». Au fil du temps, plusieurs figures sont devenues des expressions courantes. C'est le cas de l'hyperbole *mourir de faim*, qui signifie *avoir faim*, ou de la litote *Tu n'es pas bête* pour dire à quelqu'un qu'il est intelligent.

Nous avons limité ce chapitre aux figures de style qui sont les plus connues. Nous les avons classées soit en fonction du moyen utilisé pour les concevoir (le rapprochement ou la substitution d'éléments, l'organisation syntaxique), soit en fonction de l'effet produit (amplification ou insistance).

Exemple

« SCAPIN – Bon. Imaginez-vous que je suis votre père qui arrive, et répondez-moi fermement, comme si c'était à lui-même. Comment, pendard, vaurien, infâme, fils indigne d'un père comme moi, oses-tu bien paraître devant mes yeux, après tes bons déportements, après le lâche tour que tu m'as joué pendant mon absence ? Est-ce là le fruit de mes soins, maraud ? est-ce là le fruit de mes soins ? le respect qui m'est dû ? le respect que tu me conserves ? Allons donc. Tu as l'insolence, fripon, de t'engager sans le consentement de ton père, de contracter un mariage clandestin ? Réponds-moi, coquin, réponds-moi. Voyons un peu tes belles raisons. Oh ! que diable ! vous demeurez interdit !

OCTAVE – C'est que je m'imagine que c'est mon père que j'entends. »
MOLIÈRE, *Les Fourberies de Scapin* (1671).

Accumulation	Répétition	Antiphrase
L'accumulation d'insultes exprime avec insistance la perception que le père d'Octave aura de son fils, selon Scapin. Elle contribue à placer Octave en position d'infériorité par rapport à son père.	La répétition de cette phrase permet de créer un effet de martèlement : par ses propos insistants et durs, Scapin prépare Octave à recevoir la réaction de son père.	L'antiphrase permet d'accentuer le reproche envers Octave : aux yeux de son père, aucune raison ne pourra justifier un mariage clandestin. L'antiphrase, ironique, discrédite d'avance tout argument.

Définition

La comparaison consiste à rapprocher, à l'aide d'un mot de comparaison, deux éléments ayant quelque chose en commun, ce qui crée une image.

DIFFÉRENCE AVEC LA MÉTAPHORE : Dans la comparaison, les deux éléments sont rapprochés à l'aide d'un terme comparatif.

Stratégie de repérage ou d'analyse

La comparaison se reconnaît par la présence d'un mot de comparaison. Il peut s'agir d'un adverbe (*comme*), d'une locution (*une espèce de*, *de même que*, *à l'image de*, *plus que*, *moins que…*), d'un adjectif (*tel*, *pareil*, *comparable*, *semblable…*) ou d'un verbe (*ressembler*, *paraître*, *sembler…*).

Pour comprendre l'effet produit par une comparaison, demandez-vous ce que cette figure apporte de plus à l'énoncé. Demandez-vous aussi ce que les deux éléments comparés ont en commun, car c'est ce trait que le locuteur met en valeur.

Exemples	Sens ou effets
« [Lancelot] fait une génuflexion[1] en direction de la chambre [de Guenièvre], **comme on peut le faire devant un autel.** » Chrétien de TROYES, *Lancelot ou le Chevalier à la charrette* (1170).	Fléchir le genou (dénotation de génuflexion) devant un autel est une marque de respect. Le fait de comparer la génuflexion de Lancelot à ce geste fait ressortir le **grand respect** du personnage envers Guenièvre, qu'il traite comme le ferait un croyant devant Dieu.

« Et je m'en vais
Au vent mauvais
    Qui m'emporte
Deçà, delà,
**Pareil à la
    Feuille morte.** »
Paul VERLAINE, « Chanson d'automne », *Poèmes saturniens* (1866).
	Le fait de comparer sa vie à une feuille morte qui se laisse emporter par le vent permet d'illustrer l'**état de vagabondage** du locuteur. L'utilisation des adverbes *deçà*, *delà* contribue également à mettre en lumière cet état.

« [...] je suis **plus puissant que le doigt d'un roi**, dit le serpent [au petit Prince]. » Antoine de SAINT-EXUPÉRY, *Le Petit Prince* (1943).	En comparant sa puissance à celle du doigt d'un roi, symbole d'autorité, le serpent met en lumière, dans un discours direct, **sa supériorité**, puisqu'un simple contact avec lui peut être fatal. L'emploi de la locution comparative *plus… que* accentue cet effet de puissance.

---

1. *Génuflexion* : action de fléchir le genou en signe de respect, de soumission.

Les figures de rapprochement d'éléments analogues : la métaphore

Définition

La métaphore consiste à rapprocher, sans mot de comparaison, deux éléments ayant quelque chose en commun, ce qui crée une image. Quand une métaphore est développée tout au long d'un texte, on l'appelle **métaphore filée**.

DIFFÉRENCE AVEC LA COMPARAISON : La métaphore se distingue de la comparaison par l'absence d'un terme comparatif.

Stratégie de repérage ou d'analyse

La métaphore est une comparaison sans terme comparatif. Pour la repérer, il suffit, dans certains cas, de la transformer en comparaison. Par exemple, la métaphore *Tu es un ange* pourrait devenir *Tu es comme un ange*. Toutefois, la métaphore ne présente pas toujours de façon explicite les éléments qui sont rapprochés, ce qui la rend quelquefois difficile à repérer. Pour y arriver, tentez de repérer un mot ou une expression qui désigne normalement une réalité concrète (par exemple, *Tu es une soie*), mais qui, dans le contexte, représente une notion abstraite (par exemple, la douceur).

Pour comprendre l'effet produit par une métaphore, demandez-vous ce qu'elle apporte de plus à l'énoncé. De plus, quand vous avez repéré les deux éléments mis en relation, demandez-vous en quoi ces deux réalités se ressemblent, car c'est souvent ce point commun que le locuteur met en valeur. Si un seul des éléments est exprimé, cherchez à comprendre son sens figuré.

Exemples	Sens ou effets
« Le monde entier est une scène. » William SHAKESPEARE, *Comme il vous plaira* (1599).	En créant un lien de ressemblance entre *le monde entier* et *une scène*, le locuteur tente d'exprimer sa perception négative des comportements humains : les hommes, tels des comédiens, jouent constamment un rôle. Par cette métaphore, le locuteur **dénonce l'hypocrisie des hommes** qui cachent leur véritable nature derrière un masque. L'emploi du verbe *être* à l'indicatif présent (temps verbal) donne d'ailleurs à cette métaphore une valeur de vérité générale.
« Maggie est un paysage de juin parfaitement vert et soleilleux sur lequel **le temps n'a pas commencé de s'aiguiser les griffes.** » Monique PROULX, *Homme invisible à la fenêtre* (1993).	Le rapprochement entre Maggie et *un paysage de juin parfaitement vert et soleilleux* permet d'exprimer à l'aide d'un vocabulaire mélioratif la vivacité, la force et la beauté qui caractérisent Maggie. À l'inverse, le temps est présenté de façon négative : en signalant que le temps a des griffes, le locuteur le compare implicitement à une bête sauvage et cruelle qui attend le bon moment pour sauter sur sa proie. Par ces métaphores, le locuteur exprime donc, de façon imagée et évocatrice, la **jeunesse** de Maggie, qui n'a pas encore subi les **ravages du temps**.

Définition

La personnification consiste à attribuer des caractéristiques humaines à des animaux, à des objets ou à des notions abstraites.

DIFFÉRENCE AVEC L'ALLÉGORIE : La personnification ne fait pas nécessairement partie d'un récit ou d'une description à valeur symbolique. En outre, elle n'illustre pas uniquement des notions abstraites, puisqu'elle permet également d'attribuer aux animaux et aux objets des caractéristiques humaines, ce qui n'est pas le cas de l'allégorie.

Stratégie de repérage ou d'analyse

Pour repérer une personnification, tentez de voir si, pour caractériser une chose ou une idée, l'auteur emploie des noms ou des adjectifs qui présentent des fonctions ou des qualités humaines (*amoureux*, *généreux*, *avare*, etc.). Cherchez également des verbes qui représentent des activités que seuls pratiquent les êtres humains (*parler*, *se marier*, *rire*, *rêver*, etc.).

Pour comprendre l'effet produit par une personnification, demandez-vous ce que les qualités humaines ajoutent à l'objet ou à l'animal personnifié. Ces traits humains lui donnent-ils plus de pouvoir, d'autonomie, de considération ? Quelle est la fonction de cet être personnifié ? Est-il présenté comme un adversaire, un allié, un confident du locuteur, etc. ?

Exemples	Sens ou effets
« RODRIGUE – **Tous mes plaisirs sont morts.** » Pierre CORNEILLE, *Le Cid* (1637).	En attribuant à ses plaisirs un caractère mortel, le personnage affirme que leur perte est aussi **tragique** que la mort d'un individu. L'emploi du déterminant *tous mes* accroît l'ampleur de son affliction (hyperbole).
« **Ô lac !** l'année à peine a fini sa carrière, Et, près des flots chéris qu'elle devait revoir, **Regarde !** je viens seul m'asseoir sur cette pierre Où **tu la vis** s'asseoir ! » Alphonse de LAMARTINE, « Le lac », *Méditations poétiques* (1820).	Le locuteur personnifie ici le lac en s'adressant à lui comme s'il s'agissait d'un **ami intime** avec qui il partage d'heureux souvenirs. Cette image fait ressortir les liens étroits qui unissent le locuteur à la nature et contribue à créer une tonalité lyrique.
« Quand elle souriait, **les fleurs pâlissaient de jalousie** et les feuilles tombaient des arbres pour embrasser ses pieds. » Shan SA, *Impératrice* (2004).	En attribuant aux fleurs le trait humain de la jalousie, le locuteur illustre à quel point le sourire du personnage est beau, puisque même la nature y est sensible. Cette idée est d'autant plus vraie que les fleurs, qui évoquent la beauté (connotation), sont sensibles aux **charmes du personnage**.

Les figures de rapprochement d'éléments analogues : l'allégorie

Définition

L'allégorie consiste à représenter une notion abstraite par un élément concret. Elle repose souvent sur une personnification qui est élaborée dans un court récit ou dans une description qui a une portée symbolique.

DIFFÉRENCE AVEC LA PERSONNIFICATION : L'allégorie a toujours une valeur symbolique. De plus, elle est uniquement employée pour illustrer une abstraction, ce qui n'est pas le cas de la personnification (où il est également possible d'attribuer des caractéristiques humaines à des animaux et à des objets).

Stratégie de repérage ou d'analyse

L'allégorie se reconnaît par la présence d'une histoire ou d'une description qui met en scène, de manière simple et imagée, une notion abstraite, telles l'amitié, l'injustice, la quête amoureuse, etc.

Pour comprendre une allégorie, vous devez d'abord identifier l'abstraction que le locuteur tente d'illustrer de manière concrète, par exemple la condition humaine dans l'allégorie de la caverne de Platon (tirée de *La République*). Puis, demandez-vous ce que symbolise la description ou le récit présenté par le locuteur.

Exemples	Sens ou effets
« [...] quiconque entend ces paroles et les met en pratique [...] sera semblable à un homme prudent qui a bâti sa maison sur le roc. La pluie est tombée, les torrents sont venus, les vents ont soufflé et se sont jetés contre cette maison : elle n'est point tombée, parce qu'elle était fondée sur le roc. Mais quiconque entend ces paroles [...] et ne les met pas en pratique sera semblable à un homme insensé qui a bâti sa maison sur le sable. La pluie est tombée, les torrents sont venus, les vents ont soufflé et ont battu cette maison, elle est tombée et sa ruine a été grande. » La Bible, Matthieu 7, versets 24-27.	Dans cette allégorie, la **prévoyance** et la **prudence** sont ici symbolisées par la construction d'une maison. Érigée sur le roc (symbole de solidité et de durabilité), une maison résistera aux intempéries, ce qui n'est pas le cas d'un bâtiment érigé sur le sable (matière friable et instable). Ainsi, par ce récit symbolique, le locuteur attire l'attention sur l'importance d'avoir de bonnes fondations pour s'assurer un avenir meilleur (tonalité didactique).
« C'est un petit bonheur Que j'avais ramassé Il était tout en pleurs Sur le bord d'un fossé Quand il m'a vu passer Il s'est mis à crier : "Monsieur, ramassez-moi Chez vous amenez-moi [...]" » Félix LECLERC, « Le p'tit bonheur », *Le P'tit Bonheur* (1950).	Le *p'tit bonheur* fait figure d'allégorie : tel un enfant abandonné au bord d'un fossé, il pleure et crie pour qu'un passant le ramasse (utilisation du discours direct). L'allégorie symbolise la **découverte du bonheur** tout simple, trouvé par hasard au moment où le locuteur ne s'y attendait pas.

Les figures de rapprochement d'éléments opposés : l'antithèse

Définition

L'antithèse consiste à rapprocher, au sein d'une phrase ou d'un ensemble de phrases, deux réalités de sens contraire.

DIFFÉRENCE AVEC L'OXYMORE : Dans l'antithèse, les éléments mis en opposition ne font pas partie d'un même groupe de mots ; ils sont disposés dans l'ensemble de la phrase.

Stratégie de repérage ou d'analyse

Pour repérer une antithèse, il faut chercher des éléments qui semblent s'opposer : la beauté/la laideur, le bon/le mauvais, le sombre/le clair, la cruauté/l'amabilité, etc.

Pour comprendre le sens d'une antithèse, demandez-vous quel contraste cette opposition permet de faire ressortir.

Exemples	Sens ou effets
« Où vont tous ces enfants dont pas un seul ne rit ? [...] Ils s'en vont travailler quinze heures sous des meules ; [...] **Innocents** dans un **bagne**, **anges** dans un **enfer** » Victor HUGO, « Melancholia », *Les Contemplations* (1856).	En écrivant que les enfants *innocents* sont des *anges* qui travaillent dans un *bagne* et dans un *enfer*, le locuteur utilise deux antithèses pour **dénoncer une situation** qu'il juge aberrante et inacceptable, puisqu'un être pur, incapable de commettre le mal, se retrouve dans un lieu où l'on isole les criminels et les pécheurs. La <u>phrase négative</u> *pas un seul ne rit* concourt elle aussi à susciter l'indignation, puisqu'elle exprime le malheur et la tristesse de tous ces enfants.
« Votre visage est passé sur ma vie À l'occasion d'un sourire **éternel** Qui n'a duré que l'amour d'un **instant**. » Gilles VIGNEAULT, « Votre visage est passé... », *Silences* (1957-1977).	L'antithèse fondée sur le contraste entre *éternel* et *instant* permet au locuteur de **complimenter sa <u>destinataire</u>** en lui signifiant à quel point il a été marqué par sa rencontre : il se souviendra toujours de son sourire, qui n'a pourtant duré qu'un bref moment.
« [...] même **géants** **Tout petits** nous sommes. » Pierre LAPOINTE, « Tel un seul homme », *Pierre Lapointe* (2004).	En affirmant que les hommes sont à la fois géants et petits, le locuteur joue sur le <u>sens propre</u> et sur le <u>sens figuré</u> des adjectifs pour illustrer **la complexité de la nature humaine**, qui est faite de grandeurs et de petitesses. Le déplacement de l'expression *tout petits* en tête de vers contribue d'ailleurs à mettre en évidence cette opposition.

Définition

L'oxymore consiste à rapprocher, dans un même groupe de mots, deux termes ou expressions de sens contraires pour désigner une seule réalité.

DIFFÉRENCE AVEC L'ANTITHÈSE : Dans l'oxymore, les mots en opposition sont étroitement associés.

Stratégie de repérage ou d'analyse

Pour repérer un oxymore, il faut chercher des mots liés syntaxiquement (nom/complément du nom, verbe/complément du verbe, adjectif/complément de l'adjectif, etc.) dont le sens est opposé, mais qui désignent une seule réalité.

Pour comprendre le sens d'un oxymore, demandez-vous quelle contradiction cette alliance de mots permet d'exprimer.

Exemples	Sens ou effets
« Ce premier monde était **une forme sans forme** Une pile confuse, un mélange difforme » Guillaume DU BARTAS, « Un chaos de chaos », *La Semaine* (1578).	Le fait d'affirmer par un oxymore que la *forme* du monde était *sans forme* illustre le **chaos** des premiers jours de l'univers. L'<u>énumération</u> *une forme sans forme, une pile confuse, un mélange difforme* accentue cet effet.
« Candide, qui tremblait comme un philosophe, se cacha du mieux qu'il put pendant cette **boucherie héroïque**. » VOLTAIRE, *Candide* (1759).	Par l'oxymore qui qualifie d'*héroïques* les *boucheries* guerrières, le locuteur dénonce de manière ironique (<u>antiphrase</u>) la glorification des militaires, alors que, selon lui, ils ne sont que des bouchers de chair humaine.
« [Boule de suif] se sentait noyée dans le mépris de ces **gredins honnêtes** [...]. » Guy de MAUPASSANT, *Boule de suif* (1880).	L'oxymore *gredins honnêtes* met en lumière l'**hypocrisie** des personnages fourbes, qui cachent leur véritable nature derrière le masque de l'honnêteté.
« [Ma main droite] façonna une boule trempée dans la sauce... Elle la porta à ma bouche... Je mastiquai... Oh ! C'était **douloureux d'une manière exquise**. » Yann MARTEL, *Histoire de Pi* (2001).	Par cet oxymore, le locuteur associe la douleur au délice pour décrire la **complexité de la situation** : le fait de manger pour la première fois depuis plusieurs jours lui fait ressentir à la fois de la souffrance et du plaisir. La présence de points de <u>suspension</u> permet d'ailleurs d'imaginer la lenteur et la solennité avec lesquelles le locuteur déguste son repas.

Les figures de substitution : la métonymie

Définition

La métonymie consiste à remplacer un terme par un autre, avec lequel il entretient un lien logique (cause/effet, contenant/contenu, etc.)[1]. Par exemple, dans l'expression *Être bien sous son toit*, le toit, qui ne représente normalement qu'une partie de la maison, est ici employé pour représenter la maison tout entière.

DIFFÉRENCE AVEC LA PÉRIPHRASE : La métonymie consiste à remplacer un terme par un autre qui a un lien logique avec lui, alors que la périphrase consiste à remplacer un terme par une expression qui a le même sens.

Stratégie de repérage ou d'analyse

La métonymie se reconnaît par la présence d'un mot ou d'une expression qui, dans le contexte, ne peut être pris au pied de la lettre. Ce mot ou cette expression désigne en fait une autre réalité qui est proche de la première par un lien logique déterminé. Par exemple, on peut employer le nom d'un auteur (*J'ai lu Balzac*) pour désigner son œuvre (*J'ai lu l'œuvre de Balzac*). Ainsi, pour reconnaître une métonymie, demandez-vous si elle permet de désigner un personnage par l'une de ses qualités, une cause par sa conséquence, un contenu par son contenant, etc.

Pour comprendre le sens de la métonymie, demandez-vous sur quel aspect particulier de la réalité désignée le locuteur tente de mettre l'accent, et dans quel but.

Exemples	Sens ou effets
« BÉRÉNICE – Hé bien ! régnez, **cruel** ; contentez votre gloire. » Jean RACINE, *Bérénice* (1670).	En employant l'<u>adjectif</u> *cruel* pour interpeller Titus, Bérénice montre qu'elle ne retient de cet homme qu'une de ses caractéristiques : celle de la cruauté dont il fait preuve envers elle. Cette métonymie (qualité/personnage) illustre le **rapport tendu** entre les personnages, rapport également marqué par l'interjection de dépit *Hé bien !*
« Moi, **mes souliers** Ont beaucoup voyagé Ils m'ont porté de l'école à la guerre. » Félix LECLERC, « Moi, mes souliers », *Le P'tit Bonheur* (1950).	L'utilisation de la métonymie *mes souliers* pour désigner le <u>locuteur</u> (partie/tout) **met l'accent sur le mouvement**, le déplacement de ce dernier, comme si c'était grâce à ses chaussures qu'il avait accumulé une si grande expérience de vie.
« **L'été** sur mes joues » Claude DUBOIS, « Laisser l'été avoir quinze ans », *Face à la musique* (1985).	La métonymie vient du fait que le locuteur emploie *l'été* pour désigner la chaleur du soleil (général/particulier). Par la <u>connotation</u> positive de l'été, il met en valeur une **sensation de bien-être** qu'il semble avoir ressentie tout au long de l'été de ses quinze ans.

---

1. Il y a autant de types de métonymie que de liens logiques possibles entre les mots. La synecdoque consiste notamment à établir un rapport d'inclusion entre deux éléments (le tout/la partie, le générique/le spécifique, le singulier à valeur de pluriel, etc.).

Définition

La périphrase consiste à substituer à un terme une expression qui le décrit ou qui l'évoque. Par exemple, en parlant du soleil, on pourrait employer la périphrase *l'astre qui nous éclaire et nous réchauffe*.

DIFFÉRENCE AVEC LA MÉTONYMIE : La périphrase permet de désigner un élément, alors que la métonymie permet d'établir des liens logiques entre deux réalités.

Stratégie de repérage ou d'analyse

Pour repérer une périphrase, tentez de simplifier les propos de l'auteur en remplaçant par un seul mot l'expression trouvée.

Pour comprendre le sens de la périphrase, demandez-vous sur quel aspect particulier de la réalité désignée le locuteur tente de mettre l'accent, et dans quel but.

Exemples	Sens ou effets
« MAGDELON – [...] Vite venez nous tendre ici dedans **le conseiller des grâces**. MAROTTE – Par ma foi, je ne sais point quelle bête c'est là : il faut parler chrétien, si vous voulez que je vous entende. CATHOS – Apportez-nous le **miroir**. » MOLIÈRE, *Les Précieuses ridicules* (1659).	L'emploi de la périphrase *conseiller des grâces* pour désigner un miroir témoigne de la volonté de Magdelon de se démarquer de ses semblables en tentant d'employer un langage savant, plus recherché. Or, cette expression ampoulée illustre davantage le **ridicule de sa démarche** que son raffinement. Le contraste entre la <u>langue soutenue</u> de Magdelon et la <u>langue courante</u> de Cathos accentue la <u>tonalité comique</u> de cette scène.
« Dans les terres, de nuit baignées, Je contemple, ému, les haillons D'un vieillard qui jette à poignées **La moisson future** aux sillons. » Victor HUGO, « Saison des semailles, le soir », *Les Chansons des rues et des bois* (1865).	En désignant les semences par la périphrase *la moisson future*, le locuteur exprime tout l'**espoir** du pauvre vieillard, qui trouve sa force en voyant déjà le fruit de son travail. En fait, ce vieillard symbolise, dans une <u>allégorie</u>, l'immense pouvoir d'espérance qui anime les hommes : même s'il ne verra peut-être jamais le fruit de ce qu'il sème, il s'accroche à ses rêves, à son avenir.
« [...] la fille que j'aimerai au point de **lui glisser un jonc dans le doigt**, je lui serai fidèle de la tête aux pieds [...]. » Gratien GÉLINAS, *Tit-Coq* (1948).	Au lieu de simplement utiliser le mot *épouser*, le locuteur emploie une périphrase qui décrit le geste symbolisant l'union entre les deux époux. Pour Tit-Coq, cet engagement envers sa future femme est très important. On peut également percevoir l'**importance de cet engagement** dans l'<u>hyperbole</u> *je lui serai fidèle de la tête aux pieds*.

Définition

L'euphémisme consiste à remplacer une réalité désagréable, choquante ou perçue négativement par une expression adoucie. Par exemple, on emploie l'expression *troisième âge* ou *âge d'or* pour désigner la vieillesse, ou bien l'expression *non-voyant* pour parler d'un aveugle.

DIFFÉRENCE AVEC LA LITOTE : L'euphémisme est toujours employé pour parler d'une réalité déplaisante, ce qui n'est pas nécessairement le cas d'une litote. De plus, l'euphémisme vise à amoindrir une réalité pour ne pas choquer, alors que la litote vise plutôt à renforcer une idée.

Stratégie de repérage ou d'analyse

L'euphémisme se distingue par une formulation « politiquement correcte », qui remplace une expression jugée plus crue. Il permet ainsi de parler de réalités déplaisantes, telles que la mort, la vieillesse, la maladie, les sujets tabous ou immoraux, etc.

Pour comprendre le sens d'un euphémisme, demandez-vous pourquoi le locuteur cherche à amoindrir son idée. Est-ce par délicatesse ? par timidité ? par pudeur ? par respect de la bienséance ?, etc.

Exemples	Sens ou effets
« Le temps s'en va, le temps s'en va, ma Dame, Las ! Le temps non, mais **nous nous en allons** Et tôt serons **étendus sous la lame**[1]. » Pierre de RONSARD, « Je vous envoie un bouquet... », *Continuation des Amours* (1555).	L'euphémisme *nous nous en allons*, pour signifier « nous vieillissons », permet au locuteur de **rappeler avec douceur** que sa dame et lui ne sont que de passage sur terre. De même, l'euphémisme *étendus sous la lame* est une **façon adoucie** de parler de la mort. L'emploi du futur antérieur (<u>temps verbal</u>) accentue le caractère inévitable de la mort.
« **Je rentre en retard**, je sais 18 ans de retard, c'est vrai. » Jean-Loup DABADIE, « L'Italien », interprétée par Serge REGGIANI (1975).	Le locuteur emploie l'expression *rentrer en retard* pour dire qu'il revient chez lui après 18 ans d'absence. L'euphémisme ainsi que la <u>répétition</u> du mot *retard* illustrent son **malaise** et lui permettent de contourner une réalité déplaisante pour le <u>destinataire</u>.
« Il **offrit son corps en silence** au démon qui suit le courant. » Michel RIVARD, « L'oubli », *Le Goût de l'eau... et autres chansons naïves* (1992).	Par l'emploi de l'euphémisme, le locuteur parle avec **pudeur** du suicide du personnage, décrivant son geste comme une offrande (<u>sens propre</u> du terme *offrir*) au cours d'eau.

---

1. *Lame* : pierre tombale.

Définition

La litote consiste à renforcer une idée en la remplaçant par une expression atténuée, par exemple affirmer *Il n'est pas laid* pour signifier *Il est beau*.

DIFFÉRENCE AVEC L'EUPHÉMISME : Contrairement à l'euphémisme, la litote exprime souvent une idée plaisante ou agréable. De plus, la litote est employée pour faire ressortir une idée, alors que l'euphémisme vise plutôt à l'amoindrir pour ne pas choquer. Autre distinction à souligner, la litote est souvent formulée dans une phrase de forme négative, ce qui n'est pas le cas de l'euphémisme.

Stratégie de repérage ou d'analyse

La litote se distingue par sa forme généralement négative et par l'intention du locuteur de renforcer une idée en l'exprimant faiblement par rapport à la réalité.

Pour comprendre le sens d'une litote, demandez-vous quelle idée le locuteur cherche à renforcer, et dans quel but.

Exemples	Sens ou effets
« On s'étonnera de voir tant d'aveuglement pour les choses du ciel en un **peuple qui ne manque point de raison et de lumière pour celles de la terre** ; c'est ce que leurs vices et leurs brutalités leur ont mérité envers Dieu. » Jean de BRÉBEUF, *Écrits en Huronie* (1636).	En affirmant par une litote que les Hurons *ne manqu[ent] point* de raison et de lumière pour les choses de la terre, le locuteur signifie en fait que ce peuple a une **excellente connaissance de la nature**. Cette figure permet de mieux faire ressortir leur ignorance pour les choses du ciel (la religion). L'opposition entre les <u>termes mélioratifs</u> (*raison*, *lumière*) et les <u>termes péjoratifs</u> (*aveuglement*, *vices*, *brutalités*) contribue à amplifier cet effet.
« Quand nous étions à Mistassini, dit la mère Chapdelaine, voilà de ça sept ans, ça [François Paradis] n'était encore qu'une jeunesse, mais fort et adroit pas mal, déjà aussi grand comme il est là…, je veux dire comme il était… l'été dernier, quand il est venu icitte. **C'était difficile de ne pas l'aimer.** » Louis HÉMON, *Maria Chapdelaine* (1914).	En affirmant qu'il était *difficile de ne pas aimer [François]*, la mère Chapdelaine cherche plutôt à exprimer le fait qu'il était facile de l'aimer. La litote lui permet ainsi de mettre en valeur le **caractère particulièrement attachant** du <u>personnage</u>.
« **C'est pas facile** quand Isabelle te laisse tomber **Y'a pas de quoi rire** quand Isabelle te fait marcher. » Jean LELOUP, « Isabelle », *L'amour est sans pitié* (1990).	En employant les litotes *C'est pas facile* et *Y'a pas de quoi rire*, le <u>locuteur</u> veut, en fait, affirmer que sa situation est difficile et qu'il y a de quoi pleurer. Paradoxalement, en atténuant la réalité, le locuteur **met sa souffrance en évidence**.

Définition

L'antiphrase est une expression ironique qui consiste à remplacer ce que l'on veut dire par le contraire.

> **Attention !** L'antiphrase n'est pas un mensonge, parce que, lorsqu'une personne ment, elle veut que l'on croie ce qu'elle dit, alors que quelqu'un qui emploie une antiphrase veut que l'on comprenne le contraire de ce qu'il affirme.

Stratégie de repérage ou d'analyse

Dans certaines antiphrases, on remarquera des adverbes ou des locutions qui expriment une évidence (*vraiment, bien entendu, comme chacun sait, évidemment…*) ou des adverbes d'intensité (*tant, trop…*). On pourra noter également des exclamations qui représentent tout le contraire de ce que l'on doit comprendre ou des preuves ridicules qui créent des raisonnements absurdes. Pour repérer une antiphrase, vous devez saisir le contexte dans lequel le locuteur s'exprime, le ton qu'il utilise et l'intention qu'il a envers son destinataire. Vous devez aussi vous demander si sa position est vraisemblable, si elle est logique dans le contexte.

Pour comprendre le sens d'une antiphrase, demandez-vous ce qu'elle apporte de plus à l'énoncé. Permet-elle au locuteur d'accentuer son propos ? Dans quel but ? Vise-t-elle à faire rire, à déranger, à critiquer, à choquer, à toucher, à faire réfléchir le destinataire, etc. ?

Exemples	Sens ou effets
« Que d'**amis**, que de **parents** naissent en une nuit au nouveau ministre ! » Jean de LA BRUYÈRE, « De la cour », *Les Caractères* (1688).	Par la <u>phrase exclamative</u>, le locuteur feint d'être étonné de voir qu'un nouveau ministre devient vite entouré de *parents* et d'*amis*. En réalité, cette antiphrase insinue qu'il est courant de voir apparaître dans l'entourage d'un homme de pouvoir beaucoup de gens qui cherchent à tirer profit de celui-ci. Cette figure d'ironie permet au locuteur de **dénoncer** la situation.
« Monsieur le baron était **un des plus puissants** seigneurs de la Vestphalie, **car son château avait une porte et des fenêtres.** » VOLTAIRE, *Candide* (1759).	En déclarant que le fait de posséder un château avec une porte et des fenêtres est un signe de grande puissance (raisonnement absurde amplifié par l'emploi loufoque de la <u>conjonction</u> *car*), le locuteur **ridiculise le personnage**, qui se croit important alors qu'il ne l'est pas.
« **Je suis gai ! je suis gai !** Dans le cristal qui chante, Verse, verse le vin ! verse encore et toujours, Que je puisse oublier la tristesse des jours, Dans le dédain que j'ai de la foule méchante ! » Émile NELLIGAN, « La romance du vin », *Œuvre* (1903).	En affirmant qu'il est *gai*, c'est-à-dire joyeux, le locuteur dit le contraire de ce qu'il pense, puisque cet état d'esprit est invraisemblable dans un contexte où il boit pour *oublier la tristesse des jours* et où il est confronté à une *foule méchante*. La <u>répétition</u> de l'antiphrase **accentue l'ampleur de sa tristesse**.

Les figures d'amplification et d'insistance : l'hyperbole

Définition

L'hyperbole est l'expression exagérée d'une réalité, dans le but de lui donner plus de force.

Stratégie de repérage ou d'analyse

Pour repérer une hyperbole, il faut chercher des traces de «démesure», en notant l'emploi d'adverbes d'intensité (*si, trop, tant...*), de déterminants quantitatifs (*tous les, des milliers, une multitude...*), de structures comparatives (*plus... que, moins... que,* etc.) ou de termes employés au sens figuré et qui représentent des images fortes comme la mort, l'éternité, l'abondance.

Pour comprendre le sens d'une hyperbole, demandez-vous quelle idée est formulée par l'auteur et pourquoi il l'amplifie. Est-ce pour convaincre quelqu'un, pour faire réagir, pour critiquer, pour impressionner, pour faire rire, etc.?

Exemples	Sens ou effets
«La pluie nous a débués et lavés, Et le soleil desséchés et noircis ; Pies, corbeaux nous ont les yeux cavés Et arraché la barbe et les sourcils. [...] **Plus becquetés d'oiseaux que dés à coudre.**» François VILLON, «La ballade des pendus», *Œuvres* (1489).	En affirmant que les pendus sont *plus [troués] que dés à coudre*, le locuteur illustre leur état pitoyable. Par cette hyperbole, il cherche à **susciter la pitié** du lecteur. Il y parvient également par l'emploi des participes passés à <u>valeur péjorative</u> (*débués, desséchés, noircis, cavés, arraché*).
«Elle est partie Tout est fané Et je m'ennuie **Moi qui pour elle Avais cueilli Le Monde**» Gilles VIGNEAULT, «J'ai fait un bouquet...», *Silences* (1957-1977).	En écrivant de façon hyperbolique qu'il avait cueilli pour sa dame quelque chose d'aussi vaste que *le Monde* (<u>métaphore</u>), le locuteur affirme qu'il avait fait l'impossible pour elle, ce qui montre l'**ampleur de son amour.** Ce procédé, combiné au <u>pronom</u> de la première personne du singulier, contribue à donner une <u>tonalité lyrique</u> au poème.
«À la première gorgée, il se leva : – Impossible d'avaler ce **jus de chaussette**, fit-il à demi étouffé.» Yves BEAUCHEMIN, *Le Matou* (1981).	En amplifiant l'état répugnant du café, qui est comparé à du *jus de chaussette* (<u>sens figuré</u>), le personnage montre l'**extrême dégoût** que lui inspire cette boisson. L'expression rapportée en style direct témoigne du caractère burlesque du personnage, qui emploie des images amusantes et, surtout, évocatrices pour se faire comprendre (<u>tonalité comique</u>).

Les figures d'amplification et d'insistance : l'énumération et l'accumulation

Définitions

L'énumération est une suite de mots ou de groupes de mots qui sont de même catégorie grammaticale.

L'accumulation, quant à elle, est une énumération de mots ou de groupes de mots qui représentent une même réalité.

DIFFÉRENCE ENTRE L'ÉNUMÉRATION ET L'ACCUMULATION : Les termes qui composent une énumération ne représentent pas nécessairement une même réalité, contrairement à l'accumulation.

DIFFÉRENCE AVEC LA GRADATION : Contrairement à la gradation, l'énumération et l'accumulation ne suivent pas de progression croissante ou décroissante.

Stratégie de repérage ou d'analyse

L'énumération et l'accumulation se distinguent par une suite de plusieurs groupes de mots de même classe (nom, verbe, adjectif, etc.) ou de même fonction syntaxique (sujet, complément, etc.).

Étant donné qu'elles sont généralement employées pour amplifier un phénomène ou une idée, demandez-vous si l'énumération et l'accumulation produisent un effet de lourdeur, d'infini, de précision ; un effet comique, dramatique, pathétique, etc.

Exemples	Sens ou effets
« CHŒUR DES FEMMES – Là, là, j'travaille comme une enragée, jusqu'à midi. J'lave. **Les robes, les jupes, les bas, les chandails, les pantalons, les canneçons, les brassières,** tout y passe ! **Pis frotte, pis tord, pis refrotte, pis rince...** » Michel TREMBLAY, *Les Belles-Sœurs* (1968).	Par l'accumulation de <u>noms</u> de vêtements à laver et de <u>verbes</u> d'action à accomplir, les femmes témoignent de la **lourdeur de leurs tâches**, qui semblent interminables. La <u>répétition</u> du coordonnant *pis* (*puis*) contribue à accentuer cet effet, comme s'il y avait toujours de nouvelles tâches à accomplir.
« PÈRE SAINT-MICHEL – Le clergé [...] ne veut voir [au théâtre] que des saints et des saintes qui se font **lapider, égorger, empaler, brûler, couper en morceaux** ; servis en amuse-gueule avec des sauces épicées. » Michel-Marc BOUCHARD, *Les Feluettes* (1987).	Par l'accumulation de <u>verbes</u> illustrant la souffrance des martyrs, le personnage témoigne de l'**attrait du clergé pour tous les épisodes morbides de l'histoire religieuse**, dont il semble se délecter. Cette <u>tonalité comique</u> est amplifiée par la <u>métaphore</u> *servis en amuse-gueule avec des sauces épicées*.
« Le député se releva, fit deux pas en s'écartant de Mario [...] et lui dit d'une voix suffisamment forte pour que nul n'en perde rien : – J'ai entendu dire que tu t'adonnes à la poésie ? On raconte que tu fais concurrence à Pablo Neruda. Les éclats de rire des pêcheurs explosèrent aussi fort que la rougeur de sa peau : il se sentit **étranglé, interloqué, asphyxié, abasourdi** [...]. » Antonio SKARMETA, *Une ardente patience* (1985).	L'accumulation d'<u>adjectifs</u> qualifiant l'état de choc du personnage met en lumière, de manière comique, son **embarras**. Son malaise est également exprimé par une <u>comparaison</u> (*les éclats de rire des pêcheurs explosèrent aussi fort que la rougeur de sa peau*).

Les figures d'amplification et d'insistance : la gradation

Définition

La gradation est une énumération dans laquelle les mots ou groupes de mots sont disposés dans un ordre de progression croissante ou décroissante.

DIFFÉRENCE AVEC L'ÉNUMÉRATION ET L'ACCUMULATION : Contrairement à l'énumération et à l'accumulation, la gradation suit une progression ordonnée.

Stratégie de repérage ou d'analyse

La gradation se distingue généralement par une suite de mots ou de groupes de mots de même catégorie qui représentent une même idée. Ils sont organisés du plus petit au plus grand ou du plus grand au plus petit, la dernière expression étant quelquefois hyperbolique, par exemple : *Il est petit, minuscule, microscopique.*

Pour comprendre une gradation, demandez-vous ce que cette figure permet d'illustrer. Étant donné qu'elle est employée généralement pour amplifier un phénomène ou une idée, tentez de déterminer, avec plus de précision, l'effet que la gradation produit. Est-ce un effet d'empressement, de panique, de désespoir, de ravissement, de découragement, etc. ?

Exemples	Sens ou effets
« DON DIÈGUE – **Va, cours, vole** et nous venge. » Pierre CORNEILLE, *Le Cid* (1637).	La gradation de verbes à l'impératif illustre **l'empressement** du personnage, qui souhaite que son fils, à qui il s'adresse, venge immédiatement l'affront qu'il a subi. D'ailleurs, l'allitération de consonnes fricatives (*va, vole, venge*), qui rappelle le son du vent, contribue de façon sonore à illustrer cet empressement.
« HARPAGON – [...] mon pauvre argent, mon pauvre argent, mon cher ami ! on m'a privé de toi [...] **je me meurs, je suis mort, je suis enterré.** » MOLIÈRE, *L'Avare* (1668).	La gradation de courtes phrases illustre le **désespoir** de l'avare qui, croyant avoir perdu son argent, se sent complètement anéanti. La personnification de l'argent (*mon cher ami*) montre d'ailleurs l'importance qu'Harpagon lui accorde : c'est sa raison de vivre.
« Aimant l'amour. En vérité, la lumière m'éblouit. J'en garde assez en moi pour regarder **la** nuit, **toute la** nuit, **toutes les** nuits. » Paul ÉLUARD, « La dame de carreau », *Les Dessous d'une vie ou la Pyramide humaine* (1926).	La gradation dans l'emploi des déterminants (*la, toute la, toutes les*) montre, de manière croissante, l'**intensité de l'éblouissement** du poète. Ici, la lumière et la nuit jouent un rôle symbolique : le poète sous-entend qu'il a assez d'amour et de bonheur en lui pour pouvoir résister aux moments plus durs de l'existence (connotation de la nuit).

Les figures d'amplification et d'insistance : la répétition et l'anaphore

Définitions

La répétition consiste simplement à répéter un mot ou un groupe de mots.

L'anaphore est la répétition insistante d'un mot ou d'un groupe de mots en tête de phrase, de vers, de paragraphe ou de strophe.

Stratégie de repérage ou d'analyse

La répétition et l'anaphore sont faciles à repérer, puisque les mots ou les groupes de mots sont repris sous la même forme.

Pour comprendre le sens d'une répétition ou d'une anaphore, demandez-vous ce que le locuteur cherche à exprimer avec autant d'insistance, et dans quel but.

Exemples	Sens ou effets
« **Vous qui** pleurez, venez à ce Dieu, car il pleure. **Vous qui** souffrez, venez à lui, car il guérit. **Vous qui** tremblez, venez à lui, car il sourit. **Vous qui** passez, venez à lui, car il demeure. » Victor HUGO, « Écrit au bas d'un crucifix », *Les Contemplations* (1856).	Par l'anaphore, le locuteur veut montrer que Dieu peut donner du réconfort à **tous les hommes**, quelle que soit leur misère (qu'ils pleurent, souffrent, tremblent ou passent). Cet aspect est également appuyé par l'opposition entre les <u>verbes</u> (*souffrez/guérit, tremblez/sourit, passez/demeure*).
« Intérieur bourgeois **anglais**, avec des fauteuils **anglais**. Soirée **anglaise**. M. Smith, **Anglais**, dans son fauteuil **anglais** et ses pantoufles **anglaises**, fume sa pipe **anglaise** et lit un journal **anglais**, près d'un feu **anglais**. » Eugène IONESCO, didascalie, *La Cantatrice chauve* (1950).	Dans cette didascalie, la répétition de l'<u>adjectif</u> *anglais* plonge le lecteur dans un univers absurde, puisque tous les éléments de la scène sont prétendument caractérisés par leur nationalité anglaise, même le feu ! Employé à outrance, l'adjectif perd son sens, car il ne joue plus adéquatement son rôle, ce qui crée l'**effet absurde et comique** (<u>tonalité comique</u>).
« Elle disait : J'ai déjà **trop** marché. Mon cœur est déjà **trop** lourd de secrets, **Trop** lourd de peines. » Francis CABREL, « C'était l'hiver », *Les Chemins de traverse* (1987).	La répétition de l'<u>adverbe</u> d'intensité *trop* exprime un **sentiment d'excès** de vivre, d'accablement. L'expression de ce sentiment personnel, combinée à la présence de marques de la première personne (<u>pronom</u> personnel et <u>déterminant</u> possessif), contribue à créer une <u>tonalité lyrique</u>.
« T'es **tell'ment tell'ment tell'ment** belle » Richard DESJARDINS, « Tu m'aimes-tu ? », *Tu m'aimes-tu ?* (1990).	Par la répétition de l'<u>adverbe</u> d'intensité, le locuteur cherche à **complimenter** sa destinataire en lui signifiant à quel point elle est belle à ses yeux.

Les figures d'amplification et d'insistance : le pléonasme

Définition

Le pléonasme est une reprise volontaire d'une idée ou d'un concept en d'autres mots.

Stratégie de repérage ou d'analyse

Le pléonasme se distingue par une reprise qui semble redondante mais qui est porteuse de sens.

> **Attention!** Il n'est pas question ici du pléonasme fautif qui relève d'une maladresse de langage, comme c'est le cas pour l'expression *monter en haut*, par exemple.

Étant donné qu'un pléonasme permet généralement d'insister sur un phénomène, demandez-vous ce que cette reprise cherche à mettre en relief.

Exemples	Sens ou effets
«QUASIMODO – Jamais je n'ai vu ma laideur comme à présent. Quand je me compare à vous, j'ai bien pitié de moi, **pauvre malheureux** monstre que je suis!» Victor HUGO, *Notre-Dame de Paris* (1831).	Le pléonasme illustre le désespoir du personnage qui, en plus d'être malheureux, est aussi pitoyable, ce qui **amplifie son affliction**. En insistant sur son triste sort, Quasimodo tente d'attirer la compassion d'Esméralda, la belle à qui il s'adresse et dont il est amoureux, comme en témoigne la <u>phrase exclamative</u>.
«TIT-COQ – [...] **lui, il** sera un enfant propre, en dehors et en dedans. Pas une trouvaille de ruelle comme moi!» Gratien GÉLINAS, *Tit-Coq* (1948).	La reprise du <u>pronom</u> permet à Tit-Coq de **mettre en relief la différence** entre le statut de son futur fils (*lui, il*) et son propre statut. Son fils sera *propre*, c'est-à-dire légitime, alors que lui a été une *trouvaille de ruelle*, expression employée au <u>sens figuré</u> pour signifier un enfant bâtard abandonné. Les <u>adverbes</u> de lieu *en dehors et en dedans* mettent également l'accent sur l'importance de la légitimité de l'enfant pour Tit-Coq.
«[Chloé] agita la tête pour repousser en arrière ses cheveux frisés et brillants, et appliqua, d'un geste ferme et déterminé, sa tempe sur la joue de Colin. Il se fit un abondant silence à l'entour, et la majeure partie du reste du monde se mit à compter pour du beurre. Mais, comme il fallait s'y attendre, le disque s'arrêta. Alors, seulement, Colin revint à la **vraie réalité** [...].» Boris VIAN, *L'Écume des jours* (1963).	Le pléonasme *vraie réalité* révèle que le personnage de Colin, envoûté par Chloé et par la danse, a été **transporté dans une autre réalité** pendant un instant, celle du bonheur absolu, de l'amour naissant. Pendant que le disque jouait, rien d'autre ne comptait à part Chloé et lui, comme en témoigne l'<u>hyperbole</u> *la majeure partie du reste du monde se mit à compter pour du beurre*.

Définition

Le parallélisme consiste à mettre en parallèle deux énoncés de même construction syntaxique.

Stratégie de repérage ou d'analyse

Contrairement au chiasme construit selon le modèle A B B A, le parallélisme correspond au modèle A B A B. Par exemple, dans cette citation de François-René de Chateaubriand, A représente le sujet et B, son attribut :

« Plus le visage est sérieux, plus le sourire est beau. »
    A   B   A   B

Pour comprendre le sens d'un parallélisme, demandez-vous ce que cette mise en parallèle fait ressortir de différent ou de similaire.

Exemples	Sens ou effets
« CLÉONTE – Après tant de sacrifices ardents, de soupirs, et de vœux que j'ai faits à ses charmes ! COVIELLE – Après tant d'assidus hommages, de soins et de services que je lui ai rendus dans sa cuisine ! CLÉONTE – **Tant de larmes que j'ai versées à ses genoux !** COVIELLE – **Tant de seaux d'eau que j'ai tirés au puits pour elle !** » MOLIÈRE, *Le Bourgeois gentilhomme* (1670).	Dans cet extrait, les deux personnages se plaignent de l'abandon de leur fiancée. Or, pour s'exprimer, le serviteur (Covielle) reprend exactement la même formulation que son maître (Cléonte), qu'il transpose à sa réalité. Le parallélisme met donc en lumière, de manière burlesque, le fait que les deux **personnages vivent une même situation, qu'ils perçoivent de manière bien différente.** Les deux premières répliques sont d'ailleurs elles aussi construites selon le même modèle, ce qui amplifie la tonalité comique.
« Vienne la nuit sonne l'heure Les jours s'en vont je demeure. » Guillaume APOLLINAIRE, « Le pont Mirabeau », *Alcools* (1913).	Le premier parallélisme fait ressortir la **similitude** entre deux phénomènes attribuables au temps qui passe (la nuit qui vient et l'heure qui sonne). Cette similitude fait ressortir l'**opposition** qui se trouve dans le deuxième parallélisme (le locuteur *demeure* alors que les jours *s'en vont*).
« Dans une petite ville **Il y avait la famille, les amis, les voisins,** Ceux qui étaient comme nous Puis **il y avait les autres Les étrangers, l'étranger.** » Pauline JULIEN, « L'étranger », *Au milieu de ma vie, peut-être à la veille de...* (1972).	Le parallélisme **met en valeur le fossé** qui sépare les deux clans : d'un côté, les proches (énumération), ceux avec qui la locutrice a tissé des liens ; de l'autre, ceux qu'elle considère comme lointains, étrangers à elle.

Les figures syntaxiques : le chiasme

Définition

Le chiasme consiste à mettre en parallèle deux groupes de mots ou deux constructions syntaxiques analogues, mais inversés.

Stratégie de repérage ou d'analyse

Contrairement au parallélisme, qui suit le modèle A B A B, le chiasme comporte des éléments disposés selon un effet de miroir : A B B A. L'un des plus célèbres est la fameuse réplique des *Trois Mousquetaires* d'Alexandre Dumas :

« Un pour tous, tous pour un. »
A   B   B   A

Pour comprendre le sens d'un chiasme, demandez-vous quels éléments sont rapprochés, et dans quel but. De plus, étant donné que, dans un chiasme, les éléments s'opposent souvent, demandez-vous ce que cette opposition d'idées fait ressortir.

Exemples	Sens ou effets
« Ô Dieu, si mes péchés irritent ta fureur, Contrit, morne et dolent, j'espère en ta clémence. [...] **Je pleure le présent, le passé je regrette** » Mathurin RÉGNIER, « Ô Dieu, si mes péchés... » (1613).	Par le chiasme, le locuteur se présente comme un homme affligé, à la fois pour ses actions passées et son état présent. Cette figure montre sa **repentance** en créant une situation de symétrie entre le passé et le présent. Le locuteur tente donc de prouver la bonne foi de sa démarche dans le but de se faire pardonner. L'énumération *contrit, morne et dolent* contribue d'ailleurs à créer cet effet.
« [...] notre gentilhomme se donnait avec un tel acharnement à ses lectures qu'il y passait ses nuits et ses jours, **du soir** jusqu'au **matin** et du **matin** jusqu'au **soir**. Il dormait si peu et lisait tellement que son cerveau se dessécha et qu'il finit par perdre la raison. » Miguel de CERVANTÈS, *Don Quichotte de la Manche* (1605).	Le chiasme permet au narrateur d'illustrer le fait que le personnage consacre tout son temps à la lecture, qu'il lit **sans relâche**. Cette idée est également appuyée par l'emploi des adverbes d'intensité *si* et *tellement*.
« SIGISMOND – [Je suis] un **homme** entre les **bêtes sauvages**, une **bête sauvage** entre les **hommes**. » Pedro CALDERÓN DE LA BARCA, *La vie est un songe* (1635).	Le chiasme permet ici au locuteur d'exprimer son **incompatibilité** avec le monde extérieur : sa nature humaine l'exclut du monde animal, alors que son caractère sauvage l'empêche de se sentir à l'aise avec le genre humain. Ce malaise est d'ailleurs marqué par l'opposition entre les déterminants singuliers (qui le représentent) et les déterminants pluriels (qui représentent les autres).

Procédés musicaux

5

- ■ **Introduction**
- ■ **Les sonorités**
  L'allitération, l'assonance

- ■ **Le rythme**
  La longueur des phrases, l'enjambement, les pauses et l'accentuation

Introduction

Les procédés musicaux sont les procédés qui créent la musicalité du texte. Cette musicalité naît du rythme et de la sonorité des mots.

Dans la langue littéraire, les mots sont souvent choisis non seulement à cause du sens qu'ils véhiculent, mais aussi à cause de leur aspect sonore. La récurrence d'un même son (ou d'une même catégorie de sons) crée un effet d'harmonie et contribue à la musicalité du texte. Certains auteurs choisissent des mots dont les sonorités suggèrent une sensation, une émotion ou rappellent un son de la réalité (bruit des vagues, du train, de l'insecte, etc.). D'autres vont même jusqu'à inventer des mots dont les seuls sons suggèrent le sens. Dans un poème, il faut souvent accorder une attention particulière aux sons qui se trouvent à la rime. Quant au rythme, il est créé par la longueur des phrases, par les enjambements et par la combinaison des pauses et des accents.

Exemple

« SCAPIN – Bon. Imaginez-vous que je suis votre père qui arrive, et répondez-moi fermement, comme si c'était à lui-même. ⌈Comment, pendard, vaurien, infâme, fils indigne d'un père comme moi, oses-tu bien paraître devant mes yeux, après tes bons déportements, après le lâche tour que tu m'as joué pendant mon absence⌉? Est-ce là le fruit de mes soins, maraud? est-ce là le fruit de mes soins? le respect qui m'est dû? le respect que tu me conserves? Allons donc. Tu as l'insolence, fripon, de t'engager sans le consentement de ton père, de contracter un mariage clandestin? Réponds-moi, coquin, réponds-moi. Voyons un peu tes belles raisons. Oh! que diable! vous demeurez interdit!

OCTAVE – C'est que je m'imagine que c'est mon père que j'entends. »
MOLIÈRE, *Les Fourberies de Scapin* (1671).

▨ Allitération	[ ] Rythme saccadé
La forte concentration de consonnes occlusives dans cette phrase ajoute de la dureté au propos moralisateur du locuteur.	L'ajout des deux compléments de phrase (*après tes bons déportements*, *après le lâche tour [...]*) et des quatre mises en apostrophe (*pendard, vaurien, infâme, fils indigne...*) allonge la phrase. Cette phrase allongée, ponctuée de multiples pauses, crée un rythme saccadé et lourd qui appesantit les reproches formulés par le locuteur.

Définition

L'allitération consiste à répéter, à l'intérieur d'une phrase ou d'un ensemble de mots rapprochés, un son-consonne (ou un son appartenant à la même catégorie de sons-consonnes).

Stratégie de repérage ou d'analyse

Les consonnes[1] occlusives (*p, t, k, b, d, g*) peuvent évoquer une certaine dureté ; les fricatives (*f, s, ch, v, z, j*), la douceur ou la sensualité. Les nasales (*m, n, gn*) sont souvent associées au mystère, à la profondeur, aux atmosphères troubles et voilées. Les liquides (*l, r*) suggèrent la fluidité. De plus, une forte concentration de sons appartenant à la même catégorie, quelle qu'elle soit, peut créer un effet comique.

Pour saisir l'effet produit par une allitération, tentez de voir s'il y a un lien entre le propos ou l'atmosphère du texte et les sonorités qui s'y trouvent.

Exemples	Sens ou effets
« J'ai marché, réveillant les haleines vives et tièdes, et les pierreries regardèrent, et les ailes se levèrent sans bruit. » Arthur RIMBAUD, « Aube », *Illuminations* (1886).	La forte concentration de consonnes liquides dans cet extrait contribue à créer un **effet de légèreté, d'évanescence**. Cet effet est également exprimé par les mots relevant de ce champ lexical (*haleines, ailes*).
« Il l'emparouille et l'endosque contre terre ; Il le râle et le roupète jusqu'à son drâle. » Henri MICHAUX, « Le grand combat », *Qui je fus* (1927).	La forte présence de consonnes occlusives suggère la **brutalité**, permettant ainsi de suggérer le sens des verbes d'action (*emparouille, endosque, roupète*). Ces néologismes contribuent à faire ressortir l'idée qu'il s'agit d'un combat.
« [...] son vieux papa l'attend [...] le père a une tête de vieux paysan il fume la pipe il est simple hélas hélas la pipe au papa du pape Pie pue [...] » Jacques PRÉVERT, « La crosse en l'air », *Paroles* (1936).	Le caractère inusité de la situation (le père du pape a l'allure d'un vieux paysan qui fume la pipe) crée un **effet déroutant et comique**. L'allitération en *p* accentue le comique de cette situation (tonalité comique).
« La porte s'ouvre sur une rousse Qui dit : "Entrez" de sa voix douce Et tu as presque la frousse. » MES AÏEUX, « Ta mie t'attend », *En famille* (2004).	Les consonnes fricatives accentuent la **sensualité** de l'événement, déjà marquée par la connotation des mots *rousse* et *voix douce*.

---

1. Il ne faut pas confondre la consonne que l'on voit (la lettre de l'alphabet) et la consonne que l'on entend. Par exemple, il faut savoir reconnaître la consonne occlusive *k* même si elle se présente sous la forme « qu » ou « c ».

Les sonorités : l'assonance

Définition

L'assonance consiste à répéter, à l'intérieur d'une phrase ou d'un ensemble de mots rapprochés, un son-voyelle (ou un son appartenant à la même catégorie de sons-voyelles).

Stratégie de repérage ou d'analyse

Les sons-voyelles sont variés en français (il y en a 16)[1], et il est difficile de les regrouper en catégories auxquelles on pourrait associer un sens. Retenons que les voyelles nasales (*in, an, on, un*), comme les consonnes nasales, suggèrent souvent le mystère, la profondeur ou les atmosphères troubles et voilées, et que les voyelles aiguës (*i, é, u*) sont souvent associées à la clarté. De plus, une forte concentration de sons appartenant à la même catégorie, quelle qu'elle soit, peut créer un effet comique.

Pour saisir l'effet produit par une assonance, tentez de voir s'il y a un lien entre le propos ou l'atmosphère du texte et les sonorités qui s'y trouvent.

Exemples	Sens ou effets
« Rose défit sa chaussure, Et mit, d'un air ingénu, Son petit pied dans l'eau pure ; Je ne vis pas son pied nu. » Victor HUGO, « Vieille chanson du jeune temps », *Les Contemplations* (1856).	On note, dans cette strophe, une forte présence de voyelles aiguës, qui sonnent à l'oreille comme un cristal pur. Cette **pureté** du son fait écho à celle de l'eau et de la jeune fille, dont l'air est qualifié d'*ingénu* (dénotation).
« Voici venir le temps où vibrant sur sa tige Chaque fleur s'évapore ainsi qu'un encensoir ; Les sons et les parfums tournent dans l'air du soir ; Valse mélancolique et langoureux vertige ! » Charles BAUDELAIRE, « Harmonie du soir », *Les Fleurs du mal* (1857).	La forte présence de voyelles nasales contribue à créer une **atmosphère feutrée, intime**, qui correspond à celle de la soirée évoquée, soirée dont l'air semble combler les sens du locuteur (les sons et les parfums se confondent).
« [...] voyant parmi les hors-d'œuvre des filets de hareng, elle en prend machinalement en sanglotant, puis en reprend, pensant à l'amiral qui n'en mangeait pas si souvent de son vivant et qui pourtant les aimait tant. » Jacques PRÉVERT, « Tentative de description d'un dîner de têtes à Paris-France », *Paroles* (1936).	Dans cet extrait, la répétition de la voyelle nasale *an* crée une **tonalité comique**. Ici, le contenu est plutôt absurde : ce n'est pas tant le sens que la musicalité des mots qui est important.

---

1. Les sons-voyelles du français sont les suivants : *in, an, on, un ; i, é, u ; è, à, o, â, a, ou, e, œ, eu.*

Le rythme : la longueur des phrases

Définition

Dans un texte en prose comme dans un texte en vers, la longueur d'une phrase dépend du nombre de mots qu'elle contient et de la longueur de ces mots.

Stratégie de repérage ou d'analyse

Les phrases courtes produisent un rythme rapide ou saccadé, propice à l'expression d'émotions vives ou troubles, d'actions brusques, d'événements soudains, etc. Les phrases longues et fluides créent un rythme lent, qui permet l'expression de la réflexion approfondie, de l'observation détaillée, de la rêverie, de sentiments d'ennui, etc.

Pour saisir l'effet produit par la longueur des phrases, demandez-vous quel lien peut être établi entre le sens du texte et son rythme. Le rythme correspond-il aux émotions exprimées ? à l'effet que le locuteur cherche à créer ? à l'atmosphère générale du texte ? etc.

Exemples	Sens ou effets
« HARPAGON – [...] Qui peut-ce être ? Qu'est-il devenu ? Où est-il ? Où se cache-t-il ? Que ferai-je pour le trouver ? Où courir ? Où ne pas courir ? N'est-il point là ? N'est-il point ici ? Qui est-ce ? Arrête ! » MOLIÈRE, L'Avare (1668).	La succession de phrases très courtes crée un rythme rapide qui, combiné aux multiples phrases interrogatives, montre l'état de **panique** d'Harpagon, l'avare, qui a pris conscience qu'on a volé son argent.
ARCAS – Il attend à l'autel pour la sacrifier. ACHILLE – Lui ! CLYTEMNESTRE – Sa fille ! IPHIGÉNIE – Mon père ! ÉRIPHILE – Ô ciel ! Quelle nouvelle ! » Jean RACINE, Iphigénie (1676).	L'échange vif est marqué par un alexandrin découpé en courtes phrases. Ce découpage crée un rythme saccadé et accéléré, qui met en valeur le sentiment d'**indignation** exprimé par les phrases exclamatives.
« J'étais sur les six heures à la descente de Ménilmontant presque vis-à-vis du Galant Jardinier, quand des personnes qui marchaient devant moi s'étant tout à coup brusquement écartées je vis fondre sur moi un gros chien danois qui, s'élançant à toutes jambes devant un carrosse, n'eut pas même le temps de retenir sa course ou de se détourner quand il m'aperçut. Je jugeai que le seul moyen que j'avais d'éviter d'être jeté par terre était de faire un grand saut si juste que le chien passât sous moi tandis que je serais en l'air. » Jean-Jacques ROUSSEAU, Les Rêveries du promeneur solitaire (1782).	Les longues phrases fluides créent un rythme lent. Cette lenteur fait ressortir une dimension de la personnalité du locuteur : fin observateur et soucieux du détail, il cherche à **rapporter fidèlement** ce qui lui est arrivé. La narration détaillée des événements est d'ailleurs marquée par la présence de nombreux compléments du nom.

Le rythme : l'enjambement

Définition

L'enjambement consiste à ne pas faire coïncider la fin d'une phrase avec la fin du vers et d'en reporter une partie sur le vers suivant. Si l'élément rejeté sur le vers suivant est court, il porte le nom de rejet. Si, au contraire, la phrase commence à la fin d'un vers, ce court segment porte le nom de contre-rejet.

Stratégie de repérage ou d'analyse

L'enjambement peut créer un effet de continuité ou contribuer à donner de l'ampleur à un propos. La pause qui suit le rejet ou le contre-rejet accentue les mots qui se trouvent dans cette position, ce qui a pour effet de les mettre en relief.

Pour saisir l'effet produit par un enjambement, cherchez s'il y a des phrases qui courent sur plus d'un vers et demandez-vous si cette continuité est en lien avec ce qui est exprimé. Cherchez s'il y a des rejets ou des contre-rejets et réfléchissez à l'importance des mots qui sont ainsi mis en valeur.

Exemples	Sens ou effets
« ORESTE – Nous n'avons qu'à parler : c'en est fait. **Quelle joie** D'enlever à l'Épire une si belle proie ! » Jean RACINE, *Andromaque* (1668).	Les mots *Quelle joie* en position de contre-rejet mettent en valeur l'**enthousiasme** d'Oreste, qui est persuadé que le roi d'Épire laissera partir sa proie, Hermione, la femme dont il est amoureux. Ce sentiment d'enthousiasme est aussi marqué par l'emploi de la phrase exclamative.
« Et son ventre et ses seins, ces grappes de ma vigne, **S'avançaient**, plus câlins que les Anges du mal [...] » Charles BAUDELAIRE, « Les bijoux », *Les Fleurs du mal* (1857).	Le rejet de *s'avançaient* montre que le regard du locuteur est particulièrement **attiré par ce rapprochement** du ventre et des seins.
« Ils vont, viennent, jamais fuyant, jamais lassés, Froissent le glaive au glaive et sautent les fossés, Et passent, au milieu des ronces remuées, Comme deux tourbillons et comme deux nuées. » Victor HUGO, « Le mariage de Roland », *La Légende des siècles* (1859).	Dans cet extrait, le locuteur raconte les prouesses (marquées par les nombreux verbes d'action) de deux chevaliers qui s'affrontent en duel. Le fait de laisser courir la phrase sur plusieurs vers donne du souffle au propos, **amplifie la puissance des combattants**.
« Un soldat jeune, bouche ouverte, tête nue, Et la nuque baignant dans le frais cresson bleu, **Dort** ; il est étendu dans l'herbe, sous la nue, Pâle dans son lit vert où la lumière pleut. » Arthur RIMBAUD, « Le dormeur du val », *Poésies* (1870).	Le rejet de *dort* met en valeur l'**idée de repos et de paix** exprimée dans le poème.

Le rythme : les pauses et l'accentuation

Définition

La lecture est toujours marquée par des pauses. Dans le cas d'un texte versifié, ces pauses portent le nom de coupes et on les trouve toujours après une syllabe accentuée (syllabe prononcée plus fortement). Dans un texte en prose comme dans un texte en vers, la ponctuation utilisée contribue à indiquer les pauses. La virgule marque une pause courte ; le point-virgule, le deux-points ou le tiret, une pause moyenne ; et le point ou les points de suspension, une pause longue.

Stratégie de repérage ou d'analyse

Dans un texte en prose, la ponctuation est un bon indicateur des pauses. Dans un texte en vers, il faut savoir repérer les accents (fixes et secondaires).

◆ Dans un **vers de huit syllabes ou moins**, on compte un accent fixe sur la dernière syllabe prononcée du vers et, parfois, un accent secondaire à la fin d'un groupe rythmique à l'intérieur du vers.

◆ Dans un **vers de plus de huit syllabes**, on compte deux accents fixes et, parfois, des accents secondaires. Dans le cas du décasyllabe, les accents fixes se trouvent sur la dernière syllabe prononcée du vers et sur la 4e ou sur la 6e syllabe prononcée (1-2-3-**4**-5-6-7-8-9-**10**) ou (1-2-3-4-5-**6**-7-8-9-**10**). Dans le cas d'un alexandrin, les accents fixes se trouvent sur la dernière syllabe prononcée du vers et sur la 6e ou sur les 4e et 8e syllabes prononcées (1-2-3-4-5-**6**-7-8-9-10-11-**12**) ou (1-2-3-**4**-5-6-7-**8**-9-10-11-**12**). Les accents secondaires sont placés à la fin de groupes rythmiques.

Exemples	Sens ou effets
« Je n'ai plus que les os, un squelette je semble, Déchar**né**, déner**vé**, démus**clé**, dépoul**pé**, Que le trait de la mort sans pardon a frappé [...] » Pierre de RONSARD, « Je n'ai plus que les os », *Derniers vers* (1586).	Dans le deuxième alexandrin, l'accent (suivi d'une courte pause) qui tombe à la fin de chacun des quatre participes passés montrant l'état de déchéance physique du poète crée un **effet de martèlement** qui met ces mots en valeur de manière douloureuse.
« On **dout**e La **nuit**... J'é**cout**e : – Tout **fuit**, Tout **pass**e ; L'es**pace** E**fface** Le **bruit**. » Victor HUGO, « Les Djinns », *Les Orientales* (1829).	Ces vers de deux syllabes comptent un seul accent fixe (marqué en gras), suivi d'une pause. Les points de suspension imposent un temps d'arrêt assez long, pendant lequel plane le silence, tandis que le deux-points, qui introduit généralement des paroles, est suivi d'un tiret exprimant une absence de sons, que le lecteur est invité à écouter. La longueur des pauses contribue à faire saisir le **silence ambiant**, évoqué aussi par les allitérations en *s* (*passe, espace, efface*).

Procédés d'organisation du discours : le discours narratif

6

Introduction

Qu'il rédige une œuvre poétique, dramatique, narrative ou un essai, un locuteur peut décider de raconter une histoire (discours narratif), de défendre une idée au moyen d'arguments (discours argumentatif), d'interpeller le destinataire (discours énonciatif), de décrire un phénomène (discours descriptif) ou de l'expliquer (discours explicatif). Ces différentes manières de présenter ou de développer une idée constituent ce que l'on appelle les procédés d'organisation du discours. Le choix du discours dépend du but que le locuteur poursuit dans son œuvre, de la personne à qui il s'adresse et du message qu'il veut véhiculer. Étant donné que le discours narratif est un mode d'organisation complexe et récurrent dans les œuvres littéraires, nous avons choisi d'y consacrer un chapitre entier.

Le discours narratif est le discours par lequel un narrateur raconte une histoire (succession d'actions impliquant des personnages dans un temps et un lieu donnés). Les composantes de ce type de discours sont les suivantes : l'histoire (ce qui est raconté) et la narration (la manière de raconter l'histoire). Ces composantes comportent à leur tour certaines particularités, qui créent des effets variés. Dans ce chapitre, nous vous présentons les particularités du discours narratif afin que vous soyez en mesure de mieux comprendre leurs fonctions et de mieux apprécier leurs effets.

Exemple

« OCTAVE – Un jour que j'accompagnais Léandre pour aller chez les gens qui gardent l'objet de ses vœux, nous entendîmes, dans une petite maison d'une rue écartée, quelques plaintes mêlées de beaucoup de sanglots. Nous demandons ce que c'est. Une femme nous dit, en soupirant, que nous pouvions voir là quelque chose de pitoyable en des personnes étrangères, et qu'à moins d'être insensibles, nous en serions touchés. [...] La curiosité me fit presser Léandre de voir ce que c'était. Nous entrons dans une salle, où nous voyons une vieille femme mourante, assistée d'une servante qui faisait des regrets, et d'une jeune fille toute fondante en larmes, la plus belle et la plus touchante qu'on puisse jamais voir. [...] Une autre aurait paru effroyable en l'état où elle était, car elle n'avait pour habillement qu'une méchante petite jupe avec des brassières de nuit qui étaient de simple futaine, et sa coiffure était une cornette jaune, retroussée au haut de sa tête, qui laissait tomber en désordre ses cheveux sur ses épaules ; et cependant, faite comme cela, elle brillait de mille attraits, et ce n'était qu'agréments et que charmes que toute sa personne. »

MOLIÈRE, *Les Fourberies de Scapin* (1671).

Narrateur personnage	Moment de la narration ultérieur à l'histoire	Vitesse de la narration interrompue
Les marques de la première personne témoignent du fait que le narrateur est un personnage qui prend part à l'histoire qu'il raconte.	L'emploi de l'imparfait, du passé simple et du conditionnel (temps verbaux) indique que l'histoire s'est déjà produite et que le moment de la narration est ultérieur à l'histoire.	La vitesse de narration interrompue permet au personnage de décrire la jeune fille et de mettre en évidence son charme.

L'histoire : l'intrigue

Définition

L'intrigue est l'ensemble des événements, des faits et des gestes accomplis par les personnages. Généralement unique dans un court récit, telle la nouvelle, l'intrigue peut être multiple dans un roman.

Stratégie de repérage ou d'analyse

Pour cerner une intrigue, on peut se poser les questions suivantes :

◆ Les événements sont-ils présentés comme étant réels ou fictifs ? Dans quel but sont-ils présentés ainsi ?

◆ Quel est le thème dominant ? Est-il grave ou léger ? Est-il présenté de manière symbolique ? A-t-il une portée universelle ?

◆ Comment le thème dominant est-il développé ? Quelles sont les situations initiale et finale de l'intrigue ? Quel est le moteur de l'intrigue, l'élément qui la déclenche (qu'on appelle également « force perturbatrice » ou « élément déclencheur ») ? Y a-t-il des revirements de situation au fil du récit ? Quels en sont les effets ?

◆ Comment les événements s'enchaînent-ils : par succession (événements qui se suivent dans le temps), par parallélisme (événements qui se produisent en même temps et qui sont présentés en parallèle) ou par enchâssement (récit d'événements inséré dans un autre récit) ? Quel effet ce choix produit-il ?

Exemples	Sens ou effets
« Une Montagne en mal d'enfant Jetait une clameur si haute, Que chacun, au bruit accourant, Crut qu'elle accoucherait sans faute D'une Cité plus grosse que Paris : Elle accoucha d'une Souris. » Jean de LA FONTAINE, « La Montagne qui accouche », *Fables* (1668-1693).	Dans ce court récit, le locuteur illustre, de manière symbolique, le thème de la vantardise. En mettant en scène une montagne, symbole de grandeur, qui accouche d'une souris, symbole de petitesse, le locuteur illustre l'**attitude des gens prétentieux** qui, tout en annonçant de grandes œuvres (dans le cas de la montagne, on s'attendait à ce qu'elle mette au monde une ville *plus grosse que Paris*), finissent par accomplir bien peu de choses (telle une souris). L'<u>allégorie</u> permet ainsi au locuteur de divertir son lecteur tout en lui faisant la morale.
« – [Les filles de Goriot] ont renié leur père, répétait Eugène. – **Eh bien ! Oui, leur père, le père, un père**, reprit la vicomtesse, **un bon père qui leur a donné**, dit-on, **à chacune cinq ou six cent mille francs pour faire leur bonheur en les mariant bien, et qui ne s'était réservé que huit à dix mille livres de rente pour lui, croyant que ses filles resteraient ses filles, qu'il s'était créé chez elles deux existences, deux maisons où il serait adoré, choyé. En deux ans, ses gendres l'ont banni de leur société comme le dernier des misérables...** Quelques larmes coulèrent dans les yeux d'Eugène [...]. » Honoré de BALZAC, *Le Père Goriot* (1834-1835).	Dans cet épisode enchâssé, la vicomtesse **lève le voile sur un mystère** qui planait autour du personnage de Goriot et sur la relation qu'il rêvait d'entretenir avec ses filles. L'évolution des <u>déterminants</u> (*leur père, le père, un père*) montre la dégradation de leur relation. Goriot ne devient qu'un père indéterminé malgré sa générosité envers ses filles ingrates.

« Quatre heures sonnèrent au coucou de la salle du rez-de-chaussée [...] brusquement, ce fut Catherine qui se leva. Dans sa fatigue, elle avait, par habitude, compté les quatre coups du timbre, à travers le plancher, sans trouver la force de s'éveiller complètement. [...] un grognement arriva du palier, la voix de Maheu bégayait, empâtée :

– Sacré nom ! Il est l'heure... C'est toi qui allumes, Catherine ?

– Oui père... Ça vient de sonner en bas.

– Dépêche-toi donc, fainéante !

[...]

Ce matin-là, les Grégoire s'étaient levés à huit heures. [...] Le couvert était mis, trois bols sur une nappe blanche. On envoya Honorine voir ce que devenait mademoiselle. Mais elle redescendit aussitôt, retenant ses rires, étouffant sa voix, comme si elle eût parlé en haut, dans la chambre.

– Oh ! si Monsieur et Madame voyaient Mademoiselle !... Elle dort, oh ! elle dort, ainsi qu'un Jésus... On n'a pas idée de ça, c'est un plaisir à regarder. »

Émile ZOLA, *Germinal* (1885).

En présentant les événements en paral-lèle, le locuteur met en lumière **l'écart entre les conditions de vie de deux jeunes filles issues de milieux sociaux distincts** : Catherine, fille aînée d'une famille d'ouvriers, qui doit se lever à quatre heures du matin pour aller travailler et qui, malgré cela, est traitée de *fainéante* par son père (vocabulaire péjoratif), et Mlle Grégoire, enfant unique et adorée d'une famille de bourgeois (comme en témoigne la comparaison religieuse à Jésus), qui peut dormir à satiété, n'ayant aucune obligation. Ce parallèle permet d'illustrer le fossé qui sépare les différentes classes sociales.

« **Le 16 août 1968** on me mit dans les mains un livre dû à la plume d'un certain abbé Vallet, *Le Manuscrit de Dom Adso de Melk*, **traduit en français d'après l'édition de Dom J. Mabillon (aux Presses de l'Abbaye de la Source, Paris, 1842)**. Le livre, accompagné **d'indications histo-riques** en vérité fort minces, affirmait **qu'il reproduisait fidèlement un manuscrit du xiv**e **siècle, trouvé à son tour dans le monastère de Melk par le grand érudit du xvii**e **siècle**, qui a tant fait pour l'histoire de l'ordre bénédictin. La docte trouvaille (la mienne, troisième dans le temps donc) me réjouissait tandis que je me trouvais à Prague dans l'attente d'une personne chère. **Six jours après, les troupes soviétiques envahissaient la malheu-reuse ville.** [...] En un climat mental de grande excitation je lisais, fasciné, la terrible histoire d'Adso de Melk, et elle m'absorba tant que, presque d'un seul jet, **j'en rédigeai une traduction** [...]. À présent je me sens libre de raconter, par simple goût fabulateur, l'histoire d'Adso de Melk [...]. »

Umberto ECO, préface, *Le Nom de la rose* (1980).

Dans cette préface, tout concourt à donner de la vraisemblance au récit qui sera raconté. Le fait que le document comporte une marque de temps précise (*16 août 1968*), que la source soit indiquée (*Presses de l'Abbaye de la Source, Paris, 1842*) et que le locuteur fasse référence à des événements historiques (le printemps de Prague) amène le lecteur à lire l'intrigue comme si elle s'était réellement produite, ce qui devrait **piquer sa curiosité et susciter son intérêt**.

L'histoire : les personnages

Définition

Les personnages sont les acteurs de l'intrigue : ils prennent part aux événements qui constituent l'histoire et contribuent ainsi à son évolution.

Stratégie de repérage ou d'analyse

Pour cerner un personnage, on peut se poser les questions suivantes :

◆ Le personnage est-il le héros du récit ou un personnage secondaire ? Quel est son statut social (âge, sexe, origine ethnique, profession, rang social) ? Quels sont ses traits de caractère (nerveux, avare, naïf, philanthrope, curieux, etc.) ? Quels sont ses traits physiques ? Recoupent-ils des éléments de ses traits de caractère ou de sa classe sociale ?

◆ Comment le connaît-on : par son discours, par son comportement ou par la description qu'en fait le narrateur ?

◆ Que veut-il ? Que fait-il ? Accomplit-il l'action ou la subit-il ?

◆ Quelle facette de la nature humaine représente-t-il ?

◆ Quel est l'objet de la quête du héros ? Les personnages secondaires assistent-ils le héros dans sa quête (adjuvants) ou lui font-ils obstacle (opposants) ?

Exemples	Sens ou effets
« Il plongea sa main froide dans l'un des sacs, **avec quelles délices ! Avec quel bonheur ! Avec quel ruissellement de joie et de passion !** Du premier coup il toucha la bourse de cuir. L'or, l'argent, les billets de banque, **la vie, le ciel, Dieu. Tout. Il laissa filer un long soupir.** » Claude-Henri GRIGNON, *Un homme et son péché* (1933).	La description des gestes et des pensées du personnage **révèle son caractère** avare. En effet, Séraphin vit un moment d'extase au contact de l'argent, qu'il vénère tel un dieu. Cette idée est appuyée par les <u>phrases exclamatives</u> et par l'<u>accumulation</u> de tout ce que l'or représente pour lui : *la vie, le ciel, Dieu. Tout.*
« – Vous autres, **vous savez pas** ce que c'est *d'aimer à voir du pays, de se lever avec le jour, un beau matin, pour filer fin seul, le pas léger, le cœur allège, tout son avoir sur le dos.* Non ! **Vous aimez mieux piétonner toujours à la même place, pliés en deux sur vos terres de petite grandeur, plates, cordées comme des mouchoirs de poche.** Sainte bénite, **vous aurez donc jamais rien vu, de votre vivant !** [...] *Si vous saviez ce que c'est de voir du pays...* » Germaine GUÈVREMONT, *Le Survenant* (1945).	Le discours du Survenant **renseigne** le lecteur autant **sur ses aspirations** (ce qui est en italique) que **sur les mœurs de ses hôtes** (informations mises en caractères gras). En effet, alors qu'il est attiré par les voyages et par la vie d'errance, qu'il décrit avec un <u>vocabulaire mélioratif</u> (marcher *un beau matin, le pas léger, le cœur allège*), il considère que les cultivateurs du Chenal du Moine mènent une existence routinière et misérable sur des terres *de petite grandeur, plates, cordées comme des mouchoirs de poche.* Le <u>vocabulaire péjoratif</u> illustre la perception négative qu'a le Survenant de cette vie sédentaire.

L'histoire : l'espace et le temps

Définition

Dans un récit, les événements racontés se situent dans l'espace (un ou plusieurs lieux) et dans le temps (à une époque donnée et pendant une certaine durée).

Stratégie de repérage ou d'analyse

Pour analyser le cadre spatial et le cadre temporel, on peut se poser les questions suivantes :

◆ Les lieux sont-ils nombreux ? Sont-ils clos ou ouverts ? Les personnages se déplacent-ils dans l'espace ou sont-ils fixes ? Les lieux sont-ils symboliques ? Représentent-ils un personnage, un milieu social, une idéologie ?

◆ Quel est le contexte historique, politique, social, culturel, idéologique de l'époque racontée ? Y a-t-il un lien entre les marques temporelles et l'évolution des personnages ? Y a-t-il un lien entre l'époque, le milieu où se passe l'intrigue et le destin des personnages ?

Exemples	Sens ou effets
« Il est **dix heures**. Ô ma pauvre petite fille ! encore **six heures**, et je serai mort ! » Victor HUGO, *Le Dernier Jour d'un condamné* (1829).	Le condamné, qui connaît l'heure fatidique où il sera exécuté (16 h), est très conscient de chaque instant qui s'écoule et qui le rapproche de la mort. Dans ce récit, le temps est donc crucial, et les marques temporelles contribuent à **faire ressortir la souffrance** du personnage. Cette souffrance transparaît aussi dans la phrase exclamative *Ô ma pauvre petite fille !*, qui illustre son désespoir.
« Onze heures un quart : nous entendîmes du mouvement **en bas. Chez nous**, seule notre respiration était perceptible, car tous nous étions figés. On entendit des pas **aux étages inférieurs, au Bureau privé, à la cuisine**, puis... **à l'escalier menant à la porte camouflée**. Notre respiration était coupée, huit cœurs battaient à se briser, en percevant les pas **sur l'escalier** et les secousses **à la porte-armoire**. Cet instant est indescriptible. "Maintenant nous sommes perdus", dis-je, nous voyant tous emmenés par la Gestapo la nuit même. » Anne FRANK, *Journal d'Anne Frank* (1942-1944).	Anne Frank décrit le déplacement des membres de la Gestapo. Par les marques de lieux, elle atteste qu'ils se rapprochent de l'endroit où elle est cachée avec sa famille : ils sont d'abord *en bas*, puis ils montent *aux étages inférieurs, à l'escalier,* pour se rendre finalement *à la porte-armoire.* L'évolution dans l'espace constitue une menace pour elle et ses proches, et **crée une forte tension** dans le récit. La suspension de la narration accentue cet effet.
« Quinze jours de voyage. Longues routes désertes. Forêts traversées. Petites auberges de village. [...] La chaleur est insupportable. Il pleut à travers la capote de la voiture. **Louiseville, Saint-Hyacinthe, Saint-Nicolas, Pointe-Lévis, Saint-Michel, Montmagny, Berthier, L'Islet, Saint-Roch-des-Aulnaies, Saint-Jean-Port-Joli...** » Anne HÉBERT, *Kamouraska* (1970).	La longue énumération des noms de lieux donne l'impression que le **voyage** déplaisant de la narratrice est **interminable**. Cet effet est appuyé par le contraste entre les phrases courtes et la longueur de l'énumération.

La narration : le narrateur

Définition

Le narrateur est un locuteur qui raconte une histoire. Toutefois, il ne faut pas le confondre avec l'auteur. Dans un discours narratif, c'est toujours le narrateur qui s'exprime, à moins que l'auteur précise que son récit est autobiographique.

Stratégie de repérage ou d'analyse

Le narrateur peut raconter une histoire vue de l'intérieur ou de l'extérieur :

◆ Le narrateur qui raconte l'histoire vue de l'intérieur est un **narrateur personnage**. Ce type de narrateur peut être le héros de sa propre histoire (personnage principal) ou un simple témoin des événements (personnage témoin). Dans les deux cas, il parle à la première personne quand il se désigne. Demandez-vous ce que le point de vue du narrateur apporte à l'histoire.

◆ Le narrateur qui raconte l'histoire vue de l'extérieur est un **narrateur externe**. Il raconte l'histoire à la troisième personne. Dans ce cas, demandez-vous s'il se manifeste par des commentaires personnels, et dans quel but. Par ailleurs, pour apprécier davantage ce type de narrateur, il est essentiel de reconnaître la focalisation choisie. Vous trouverez les informations à ce sujet à la page suivante.

Exemples	Sens ou effets
« La perte d'un époux ne va point sans soupirs ; On fait beaucoup de bruit ; et puis on se console : Sur les ailes du Temps la tristesse s'envole, Le Temps ramène les plaisirs. Entre la Veuve d'une année Et la Veuve d'une journée La différence est grande ; on ne croirait jamais Que ce fût la même personne : L'une fait fuir les gens, et l'autre a mille attraits. » Jean de LA FONTAINE, « La Jeune Veuve », *Fables* (1668-1693).	Dans cet extrait, le narrateur est externe (il ne se désigne jamais). Ce choix narratif accentue la **fonction didactique** de la fable, puisque le narrateur présente son propos comme s'il s'agissait d'une réalité objective, d'une vérité générale. L'emploi du pronom indéfini *on* témoigne également de cette tonalité didactique.
« Dupin analysait minutieusement toutes choses, sans en excepter les corps des victimes. **Nous** passâmes ensuite dans les autres chambres, et **nous** descendîmes dans les cours, toujours accompagnés par un gendarme. Cet examen dura fort longtemps, et il était nuit quand **nous** quittâmes la maison. En retournant **chez nous**, **mon** camarade s'arrêta quelques minutes dans les bureaux d'un journal quotidien. [...] – *La Gazette*, reprit-il, n'a pas, je le crains, pénétré l'horreur insolite de l'affaire. Mais laissons là les opinions niaises de ce papier. Il me semble que le mystère est considéré comme insoluble, par la raison même qui devrait le faire regarder comme facile à résoudre [...]. » Edgar Allan POE, *Double assassinat dans la rue Morgue* (1843).	Le narrateur personnage (marqué par les pronoms de la première personne et par le déterminant possessif *mon*) est en mesure de **mettre en lumière l'intelligence de son acolyte** en rapportant les fruits de son enquête, qu'il effectue *minutieusement* et *fort longtemps*, et les conclusions qu'il en tire.

Définition

La focalisation est l'angle (ou le point de vue) sous lequel le narrateur externe présente le récit.

Stratégie de repérage ou d'analyse

Il existe trois types de focalisation : interne, externe et zéro.

◆ Lorsqu'il est dans la tête d'un personnage, qu'il présente son point de vue des événements en ignorant ce que pensent les autres protagonistes, le narrateur adopte une **focalisation interne**. Son point de vue est engagé et subjectif. C'est le point de vue d'un seul personnage.

◆ Lorsqu'il ignore ce qui se passe dans la tête des personnages, qu'il n'est qu'un simple témoin des événements, telle une caméra cinématographique, le narrateur adopte une **focalisation externe**. Son point de vue est alors distancié et objectif.

◆ Lorsqu'il sait tout, qu'il en sait même plus que les personnages eux-mêmes puisqu'il connaît leurs désirs, leurs aspirations et leur avenir, le narrateur adopte une **focalisation zéro** (ou omnisciente). Il est alors à même de juger et de commenter tous les événements du récit.

Attention ! Il est à noter que, dans un même récit, le narrateur peut passer d'un type de focalisation à un autre.

Pour saisir la pertinence de la focalisation et en faire l'analyse, demandez-vous quelle est sa fonction dans le récit.

Exemples	Sens ou effets
« [Le juge] commença l'interrogatoire. – Votre nom ? Or voici un cas qui n'avait pas été "prévu par la loi", celui où un sourd aurait à interroger un sourd. Quasimodo, **que rien n'avertissait de la question à lui adressée**, continua de regarder le juge fixement et ne répondit pas. Le juge, sourd et *que rien n'avertissait de la surdité de l'accusé, crut qu'il avait répondu*, comme le faisaient en général tous les accusés, et poursuivit avec son aplomb mécanique et stupide. – C'est bien. Votre âge ? Quasimodo ne répondit pas davantage à cette question. *Le juge la crut satisfaite*, et continua. » Victor HUGO, *Notre-Dame de Paris* (1831).	La focalisation zéro (ou omnisciente) permet au narrateur de décrire ce qui se passe dans la tête de Quasimodo, qui ignore qu'on l'interroge (extrait mis en caractères gras), et dans celle du juge, qui croit que Quasimodo répond à ses questions (extraits en italique). Grâce à cette focalisation, accentuée par le parallélisme entre la réaction de Quasimodo et celle du juge, le lecteur est à même d'**apprécier l'absurdité de la scène**, où un sourd interroge un autre sourd.
« – Où Monsieur va-t-il ? demanda le cocher. – Où vous voudrez ! dit Léon poussant Emma dans la voiture. Et la lourde machine se mit en route. Elle descendit la rue Grand-Pont, traversa la place des Arts, le quai Napoléon, le pont Neuf et s'arrêta court devant la statue de Pierre Corneille. – Continuez ! fit une voix qui sortait de l'intérieur. » Gustave FLAUBERT, *Madame Bovary* (1857).	En raison de la focalisation externe, on ignore ce qui se passe à l'intérieur de la voiture. Tout en piquant la curiosité du lecteur, qui devrait deviner que les personnages font l'amour, le narrateur externe **respecte leur intimité**. Grâce à l'énumération, il les met à l'abri de tout regard indiscret, même de celui du lecteur, qui suit le trajet de la voiture comme un simple témoin extérieur.

Définition

Le narrateur peut raconter son histoire à différents moments, c'est-à-dire après qu'elle s'est produite, pendant qu'elle se produit ou, dans des cas plus rares, avant qu'elle ne se produise. C'est ce que l'on appelle le moment de la narration.

Stratégie de repérage ou d'analyse

Par rapport à l'histoire, la narration peut être ultérieure, antérieure, simultanée ou, même, intercalée.

◆ **Narration ultérieure :** Le narrateur raconte l'histoire après qu'elle s'est déroulée. Ce choix est le plus fréquent. Il permet au narrateur, dans des œuvres fantastiques par exemple, de donner le ton dès le début du récit. Il parle au passé et peut intégrer des commentaires évaluatifs et appréciatifs, puisqu'il connaît le dénouement de l'intrigue. Il peut donc, par ses commentaires, influencer le lecteur.

◆ **Narration antérieure :** Le narrateur anticipe les événements qui se produiront plus tard dans le récit. Il parle donc au futur.

◆ **Narration simultanée :** Le narrateur raconte l'histoire au moment même où elle se déroule. Il parle au présent et, ignorant l'avenir, il ne peut émettre d'opinion sur ce qui va se produire.

◆ **Narration intercalée :** Le narrateur combine les possibilités présentées ci-dessus. Il peut, par exemple, commencer son récit ultérieurement aux événements relatés, tout en poursuivant sa narration de manière simultanée à partir du milieu de l'intrigue.

Pour analyser le moment de la narration, demandez-vous quelle est sa fonction dans le récit.

Exemples	Sens ou effets
« Mes enfants, reprit d'une voix tremblotante l'aïeul aux cheveux blancs, depuis bien longtemps, je vous répète à la veille de chaque jour de l'an, cette histoire de ma jeunesse. Je suis bien vieux, et peut-être pour la dernière fois, vais-je vous la redire ici ce soir. Soyez toute attention, et **remarquez surtout le châtiment terrible que Dieu réserve à ceux qui, en ce monde, refusent l'hospitalité au voyageur en détresse.** » Honoré BEAUGRAND, *Le Fantôme de l'avare* (1875).	En dévoilant d'entrée de jeu le dénouement de son histoire (un personnage sera puni par Dieu pour avoir refusé l'hospitalité à un voyageur en détresse), le narrateur prouve que l'histoire s'est déroulée dans le passé. Le récit a donc une <u>tonalité didactique</u> : l'intérêt de l'intrigue ne réside pas dans le suspense, mais dans **la morale que le lecteur peut en tirer.**
« Non, je ne finirai pas ce livre inédit : le dernier chapitre manque qui ne me laissera même pas le temps de l'écrire quand il surviendra. Ce jour-là, [...] **les pages s'écriront d'elles-mêmes à la mitraillette : les mots siffleront au-dessus de nos têtes, les phrases se fracasseront dans l'air...** » Hubert AQUIN, *Prochain épisode* (1965).	Par l'emploi de verbes au futur (*finirai, surviendra*), le narrateur se projette dans l'avenir. Cette narration antérieure lui permet de **rêver** d'un *prochain épisode*, qui sera marqué par la réussite de son entreprise révolutionnaire et littéraire. Ce rêve révolutionnaire est également perceptible par le <u>champ lexical</u> guerrier (*mitraillette, siffleront, fracasseront*).

La narration : l'ordre des événements

Définition

Pour organiser son récit, le narrateur dispose les événements selon un ordre continu (du présent au passé ; du passé au présent ; du présent au futur) ou discontinu (retour en arrière ou anticipation).

Stratégie de repérage ou d'analyse

Pour établir l'ordre des événements, on peut noter les marques temporelles ainsi que tout changement de mode et de temps verbaux.

Pour comprendre l'effet créé par l'ordre des événements, demandez-vous quelle est sa fonction dans le récit.

Exemples	Sens ou effets
« **Il y avait seize ans à l'époque où se passe cette histoire** que, par un beau matin de dimanche de la Quasimodo, une créature vivante avait été déposée après la messe dans l'église de Notre-Dame [...]. L'espèce d'être vivant qui gisait sur cette planche le matin de la Quasimodo en l'an du Seigneur 1467 paraissait exciter à un haut degré la curiosité du groupe assez considérable qui s'était amassé autour du bois de lit. [...] En effet, ce n'était pas un nouveau-né que "ce petit monstre". (Nous serions fort empêché nous-même de le qualifier autrement.) C'était une petite masse fort anguleuse et fort remuante, emprisonnée dans un sac de toile. » Victor HUGO, *Notre-Dame de Paris* (1831).	L'ordre des événements est ici perceptible grâce au changement temporel : le narrateur rapporte une histoire passée (<u>temps verbal</u> à l'imparfait). Le retour en arrière permet de mettre en évidence le fait que, dès sa naissance, Quasimodo était perçu comme un être monstrueux, ce qui **explique son isolement et son caractère farouche** au moment où se déroule l'intrigue.
« Seigneurs, vous plaît-il d'entendre un beau conte d'amour et de mort ? C'est de Tristan et d'Iseut la reine. **Écoutez comment à grand'joie, à grand deuil ils s'aimèrent, puis en moururent un même jour, lui par elle, elle par lui.** » *Le Roman de Tristan et Iseut* (XIIe siècle).	En révélant d'emblée, par un effet d'antici-pation, le sort tragique des personnages qui *moururent un même jour* (<u>temps de l'histoire</u>), le narrateur **capte l'attention du lecteur**, qui voudra connaître les moindres détails de cette fatale histoire d'amour.
« On a dit **que vous [Edmond Dantès] aviez voulu fuir, que vous aviez pris la place d'un prisonnier, que vous vous étiez glissé dans le suaire d'un mort, et qu'alors on avait lancé le cadavre vivant du haut en bas du château d'If ; et que le cri que vous aviez poussé en vous brisant sur les rochers avait seul révélé la substitution à vos ensevelisseurs, devenus vos bourreaux.** » Alexandre DUMAS, *Le Comte de Monte Cristo* (1845).	Le décalage entre le passé composé et le plus-que-parfait (<u>temps verbaux</u>) témoigne du fait que les événements relatés par le personnage se sont passés antérieurement. Ce retour en arrière permet de **récapituler une bonne partie du récit et de mettre en lumière les dangers** auxquels a fait face le personnage d'Edmond Dantès pour parvenir à la liberté.

Définition

La vitesse de la narration est le rapport entre le temps que prend l'histoire et celui que prend le narrateur pour la raconter.

Stratégie de repérage ou d'analyse

La vitesse de la narration peut être accélérée, réelle, ralentie ou interrompue.

◆ **Vitesse accélérée :** Le narrateur relate une suite d'événements de manière brève et concise, dans une période plus courte que le temps réel. Pour ce faire, il énumère des faits ou place des repères temporels qui résument une période de temps donnée (par exemple, *quelques années plus tard...*).

◆ **Vitesse réelle :** Le temps de la narration est le même que le temps de l'épisode relaté. Pour y arriver, le narrateur fait généralement appel aux dialogues.

◆ **Vitesse ralentie :** La narration est plus longue que la durée de l'événement relaté, ce qui permet au narrateur de l'expliquer ou de le rapporter de façon détaillée.

◆ **Vitesse interrompue :** L'intrigue n'avance plus. Généralement, cette pause permet au locuteur de décrire une réalité (un phénomène, un lieu, un objet ou un personnage).

Pour analyser la vitesse de la narration, demandez-vous ce qu'elle met en évidence, et dans quel but. Si le locuteur fait appel à une description pour interrompre son récit, demandez-vous quelle est sa fonction : est-elle informative, explicative, symbolique ? Permet-elle de saisir un enjeu important du récit ?

Exemples	Sens ou effets
« Ulysse avait tiré ; la flèche avait frappé Antinoos au col : **la pointe traversa la gorge délicate et sortit par la nuque**. L'homme frappé à mort **tomba à la renverse** ; sa main **lâcha la coupe** ; soudain, **un flot épais jaillit de ses narines** [...] d'un brusque coup, ses pieds culbutèrent la table, **d'où des viandes rôties, le pain et tous les mets coulèrent sur le sol, mêlés à la poussière.** » HOMÈRE, *L'Odyssée* (VIIIe siècle av. J.-C.).	En temps réel, la scène décrite par le narrateur pourrait se dérouler en un court laps de temps. En effet, une flèche lancée à vive allure prend une fraction de seconde pour atteindre sa cible et la traverser. En affirmant, avec une accumulation de verbes d'action, que *la pointe traversa la gorge délicate et sortit par la nuque* et qu'*un flot épais jaillit de ses narines*, le narrateur décrit la scène à une vitesse ralentie, mettant ainsi en lumière la **précision du coup et ses conséquences funestes**.
« Le monstre approchait. Il avait [...] **les yeux rouges** et **tels que des charbons embrasés, deux cornes au front, les oreilles longues et velues, des griffes de lion, une queue de serpent, le corps écailleux d'un griffon.** Tristan lança contre lui son destrier d'une telle force que, tout hérissé de peur, il bondit pourtant contre le monstre. » *Le Roman de Tristan et Iseut* (XIIe siècle).	L'interruption de la narration permet une description du monstre. Dans cette description, le locuteur emploie des adjectifs (*rouges, longues et velues, écailleux*) qui lui permettent de montrer sa laideur. Le locuteur fait aussi des parallèles avec des créatures féroces (*griffes de lion, queue de serpent, corps écailleux d'un griffon*). Le tout **accentue l'aspect effrayant** du monstre et souligne le courage de Tristan qui, malgré sa frayeur, n'hésite pas à l'affronter.

« Comme [l'épouse de Charles Bovary] étendait du linge dans sa cour, elle fut prise d'un crachement de sang, et **le lendemain**, tandis que Charles avait le dos tourné pour fermer le rideau de la fenêtre, elle dit : "Ah ! mon Dieu !", poussa un soupir et s'évanouit. Elle était morte ! Quel étonnement ! **Quand tout fut fini** au cimetière, Charles rentra chez lui. »
Gustave FLAUBERT, *Madame Bovary* (1857).

Par des <u>compléments de phrase</u> tels que *le lendemain* et *Quand tout fut fini*, le narrateur passe sous silence les événements qui se sont produits pendant ce laps de temps. Cette vitesse accélérée de la narration **témoigne du rôle très secondaire** que la première femme de Charles Bovary joue dans le récit.

« – Et quel est ton plat préféré, grand-père ?
– Tous, tous, mon fils. C'est un grand péché de dire : ça c'est bon, ça c'est mauvais !
– Pourquoi ? On ne peut pas choisir ?
– Non, pour sûr, on ne peut pas.
– Pourquoi ?
– Parce qu'il y a des gens qui ont faim.
Je me tus, honteux. Jamais mon cœur n'avait pu atteindre à tant de noblesse et de compassion. »
Nikos KAZANTZAKI, *Alexis Zorba* (1946).

Le discours direct (<u>discours rapporté</u>) donne l'impression au lecteur d'assister à l'échange entre les personnages, comme s'il était un véritable témoin de la scène. Cette vitesse réelle de la narration permet donc d'**apprécier la perspicacité du vieil homme**, qui sait répondre à son petit-fils avec sagesse et clairvoyance.

« À l'époque dont nous parlons, il régnait dans les villes une puanteur à peine imaginable pour les modernes que nous sommes. **Les rues** puaient **le fumier, les arrière-cours** puaient **l'urine, les cages d'escalier** puaient **le bois moisi et la crotte de rat**, les cuisines le chou pourri et la graisse de mouton ; **les pièces d'habitation mal aérées** puaient **la poussière renfermée, les chambres à coucher** puaient **les draps graisseux, les courtepointes moites et le remugle âcre des pots de chambre.** »
Patrick SÜSKIND, *Le Parfum* (1985).

L'interruption de la narration permet une description des lieux. L'abondance des <u>noms</u> de lieux (*rues, arrière-cours, chambres à coucher*, etc.) associés à des odeurs nauséabondes (*fumier, urine, moisi, pourri, mal aérées*, etc.) **témoigne du dégoût** qu'inspirent les villes du XVIIIe siècle en France. Cette description est d'autant plus importante qu'elle fait contraste avec le sujet de l'<u>intrigue</u> : un personnage à l'odorat extrêmement fin qui tente de reproduire la fragrance naturelle d'une jeune fille qu'il a rencontrée.

Procédés et tonalités

7

Introduction

Le repérage et l'interprétation des procédés d'écriture permettent de donner du sens à un texte. Or, lorsqu'ils sont combinés, les procédés peuvent également contribuer à créer une atmosphère donnée, ce que l'on appelle une tonalité. Le présent chapitre vise à montrer l'emploi possible des procédés au moyen des tonalités.

Qu'est-ce qu'une tonalité ?

La plupart des œuvres artistiques s'adressent à la sensibilité du public. Qu'il soit lecteur, spectateur ou auditeur, le public, devant une œuvre d'art, peut ressentir de la tristesse, de la joie, de la colère, de l'indignation, de la compassion, de l'angoisse, etc. Cette atmosphère générale qui suscite des émotions est la tonalité. En musique, cette tonalité est notamment perceptible grâce au rythme (lent ou rapide) et au mode (mineur ou majeur). Dans une œuvre picturale, ce sont les couleurs, les formes, l'expression des figurants qui contribuent à produire un climat donné. En littérature, ce sont les procédés d'écriture qui jouent ce rôle.

Dans le présent chapitre, nous avons retenu les tonalités les plus fréquentes et nous avons associé à chacune d'elles les procédés d'écriture qui la caractérisent ainsi qu'une courte liste d'œuvres littéraires et cinématographiques qui l'illustrent bien. Nous vous invitons à lire ou à voir ces œuvres afin de vous imprégner des atmosphères qui y sont engendrées.

Avis aux futurs écrivains et aux scénaristes en herbe : cette section pourrait particulièrement inspirer votre esprit créatif en vous donnant des outils pour produire des effets précis, qu'ils soient dramatiques, comiques ou autres…

La tonalité lyrique

Définition

Dans une œuvre de tonalité **lyrique**, un auteur vise à toucher le public par l'expression de ses sentiments, de ses états d'âme et de ses aspirations, comme c'est le cas dans *Le Grand Meaulnes* (1913) d'ALAIN-FOURNIER ou dans *L'Homme rapaillé* (1970) de Gaston MIRON. Au cinéma, cette tonalité est perceptible dans *La vie est belle* (1997) de Roberto BENIGNI et dans le film *C.R.A.Z.Y.* (2005) de Jean-Marc VALLÉE.

Variante : Une œuvre de tonalité **pathétique** vise à bouleverser le public en lui inspirant des émotions intenses telles que la pitié, la sympathie, la souffrance ou la tristesse, comme c'est le cas de l'autobiographie du pianiste Wladyslaw SZPILMAN, qui a été portée au grand écran par Roman POLANSKI dans son film *Le Pianiste* (2002).

Caractéristiques	Procédés
Thèmes et procédés qui illustrent l'affectivité	Champ lexical de l'amour, de la mort, de la fuite du temps, du bonheur, de la douleur, du passé, de la condition humaine, vocabulaire mélioratif et péjoratif, noms abstraits, adjectifs exprimant un jugement affectif, modes et temps verbaux exprimant la nostalgie (passé composé, imparfait, passé simple de l'indicatif et conditionnel)
Introspection	Marques du locuteur (pronoms et déterminants possessifs de la première personne), verbes de sentiment et de perception
Expression d'émotions fortes	Phrases exclamatives et interrogatives, interjections, suspensions, hyperboles, répétitions, anaphores, parallélismes
Images émouvantes	Comparaisons, métaphores, personnifications, allégories, antithèses, oxymores
Rythmes et sonorités marquant le bouleversement	Enjambements, allitérations, assonances

Exemple

« Ah ! quand pourrai-je encor comme des crucifix
Étreindre entre mes doigts les chères paix anciennes,
Dont je n'entends jamais les voix musiciennes
Monter dans tout le trouble où je geins, où je vis ?
Et je voudrais rêver longuement, l'âme entière,
Sous les cyprès de mort, au coin du cimetière
Où gît ma belle enfance au glacial tombeau. »

Émile NELLIGAN, « Ténèbres », *Œuvre* (1903).

[ ] Interjection qui exprime l'émotivité du locuteur.

Marques du locuteur : emploi récurrent de la première personne du singulier.

Emploi du conditionnel (temps verbal) pour exprimer la nostalgie.

Champ lexical de la mort.

La tonalité tragique

Définition

Dans une œuvre de tonalité **tragique**, on est plongé dans un climat de souffrance en raison de la fatalité qui s'abat sur les personnages et du dénouement funeste. Outre les tragédies classiques de Jean RACINE et de Pierre CORNEILLE, *Hamlet* (1601) de William SHAKESPEARE et *L'Assommoir* (1877) d'Émile ZOLA incarnent cette atmosphère tragique. Au grand écran, la trilogie *Le Parrain* (1972, 1974, 1990) de Francis Ford COPPOLA, *La Haine* (1995) de Mathieu KASSOVITZ et *Oldboy* (2003) de Park CHAN-WOOK illustrent également cette tonalité.

Caractéristiques	Procédés
Thèmes associés aux obligations, à la fatalité et à la destruction	Champ lexical de l'honneur, du devoir, de la passion, de la mort et de la solitude
Climat tendu qui illustre la gravité des événements	Phrases exclamatives et impératives, interjections, litotes, euphémismes, langue soutenue (vocabulaire recherché, phrases longues et syntaxiquement complexes, vouvoiement), vitesse de narration ralentie
Intrigues qui présentent des dilemmes inextricables	Phrases interrogatives, parallélismes, chiasmes, antithèses, oxymores, conjonctions qui ont une valeur de concession ou de restriction
Personnages dépossédés d'eux-mêmes	Pronoms personnels de la troisième personne, périphrases, comparaisons, métaphores, personnifications, prépositions marquant l'absence ou l'opposition

Exemple

« ATALIDE – Enfin c'en est donc fait ; et par mes artifices,
Mes injustes soupçons, mes funestes caprices,
Je suis donc arrivée au douloureux moment
Où je vois par mon crime expirer mon amant !
N'était-ce pas assez, cruelle destinée,
Qu'à lui survivre, hélas ! je fusse condamnée ?
Et fallait-il encor que pour comble d'horreurs
Je ne pusse imputer sa mort qu'à mes fureurs ? [...]
Et je puis sans mourir en souffrir la pensée [...]. »

Jean RACINE, *Bajazet* (1672).

Langue soutenue (variété de langue), phrase syntaxiquement complexe qui témoigne du ton austère du personnage.

Interjection exprimant le regret, la perte.

[ ] Champ lexical de la fatalité.

Phrase interrogative qui témoigne de la difficulté inextricable que doit surmonter le personnage : continuer à vivre après avoir été responsable de la mort de son amant.

Définition

La tonalité **comique** vise à faire rire. Pour y arriver, un auteur peut faire appel au comique de geste (telles les mimiques des personnages), au comique de situation (comme les quiproquos), au comique de caractère (exagération d'un tempérament, d'un trait de caractère particulier) ou au comique de mots (jeux de mots, hyperboles, etc.). Outre les comédies de MOLIÈRE, bon nombre d'œuvres sont empreintes d'une atmosphère comique, notamment *Les Aventures d'Astérix et Obélix* d'UDERZO et GOSCINNY, et les films *Les Visiteurs* (1993) de Jean-Marie POIRÉ et *Le Dîner de cons* (1998) de Francis VEBER.

Variantes : Une œuvre **humoristique** fait sourire plutôt que rire. Une œuvre **satirique** attaque les mœurs en les ridiculisant, comme le fait la série télévisée d'animation *South Park* (depuis 1997) de Trey PARKER et Matt STONE. Une **parodie** est une imitation ridicule d'une autre œuvre, tel *Austin Powers* (1997) de Jay ROACH, qui se moque des films de James Bond.

Caractéristiques	Procédés
Climat de légèreté	Langue familière ou populaire (lexique peu recherché, grivois ou grossier), quiproquos, faux raisonnements
Rythme rapide ou décousu	Phrases courtes, apartés, rebondissements
Effet d'amplification et d'insistance	Phrases exclamatives, hyperboles, périphrases, répétitions, accumulations, abondance d'adjectifs, adverbes d'intensité, personnages symbolisant un défaut humain, langue artificiellement soutenue
Rapprochements inusités	Jeux lexicaux (néologismes, déformations de mots, termes à double sens), comparaisons, métaphores, allitérations, assonances

Exemple

« Sans un sou, sans [bazou], sans amis, sans abri,
Pis l'hiver qui sévit [...]
Me voilà rendu vagabond ; dans cette situation,
c'est l'amour ou ben la prison.
Le juge m'a dit : "Vous n'avez rien commis,
je vous condamne conséquemment
à cent piasses ou l'hiver en d'dans."
– Merci beaucoup la seigneurie,
En voilà un qui m'a compris,
Je pense que je vas prendre l'argent. »

Richard DESJARDINS, « Le chant du bum »,
Richard Desjardins au Club Soda (1993).

[ ] Langue populaire (variété de langue).

■ Accumulation qui crée un effet de surenchère comique.

□ Faux raisonnement : le locuteur est condamné pour n'avoir rien commis !

■ Langue faussement soutenue (variété de langue).

■ Quiproquo : le personnage interprète la sentence du juge au pied de la lettre comme s'il s'était fait offrir de l'argent au lieu de devoir payer une amende.

La tonalité dramatique

Définition

Généralement associée au discours narratif, la tonalité **dramatique** vise à susciter le suspense grâce aux nombreux événements que comporte l'intrigue et aux émotions que vivent les personnages confrontés à des épreuves diverses, comme c'est le cas dans *Les Trois Mousquetaires* (1844) d'Alexandre DUMAS, *Bonheur d'occasion* (1945) de Gabrielle ROY et *La Mémoire dans la peau* (1980) de Robert LUDLUM, ou dans les films *Cours, Lola, cours* (1998) de Tom TYKWER, *Un long dimanche de fiançailles* (2004) de Jean-Pierre JEUNET et *Origine* (2010) de Christopher NOLAN.

Caractéristiques	Procédés
Multiplication des péripéties	Intrigue à plusieurs péripéties, événements présentés en parallèle, verbes d'action
Effet de surprise	Revirements de situation (coups de théâtre), moments de la narration simultanés, narrateur personnage ou narrateur externe avec focalisation interne
Émotions fortes	Phrases exclamatives, impératives et interrogatives
Rythme rapide	Phrases courtes, vitesse de narration réelle ou accélérée
Effet d'amplification	Hyperboles, adverbes d'intensité, adjectifs d'exagération
Évolution psychologique des personnages	Personnages symbolisant des types humains

Exemple

« Nous avançons clopin-clopant dans le soleil et dans le vent. Gloria, soudain, donne un coup de tête. Comme moi, elle a entendu ces crissements derrière nous, ces frous-frous de pas de course. Nous nous retournons.

– Ne tire pas ! Ce sont les chiens ! Ce sont les chiens ! Nous sommes mortes !

Trop tard ! J'ai fait feu. Les douilles éjectées m'effleurent les bras, brûlantes. Les entrailles des chiens gisent éparses et luisantes dans les lueurs du feu. Les Syriens ne mettent pas grand temps à réagir. Déjà, c'est le tonnerre, les balles sifflent à mes oreilles. Nous sommes des cibles immanquables. Seule Gloria peut me sauver. Je laisse tomber la mitraillette, happe Gloria par-derrière et l'étreins de toutes mes forces pour la maintenir entre les balles et moi. »

Réjean DUCHARME, *L'Avalée des avalés* (1966).

Adverbe qui marque un revirement de situation.

Phrases courtes (longueur des phrases) qui expriment des émotions vives.

[ ] Enchaînement de nombreux événements (intrigue), emploi de verbes d'action, vitesse de narration réelle.

Coup de théâtre (intrigue) : la narratrice se sert de sa meilleure amie comme bouclier humain.

La tonalité épique

Définition

Dans une œuvre à tonalité **épique**, l'auteur vise à susciter l'admiration ou l'indignation au moyen de récits d'actions extraordinaires menées par des héros plus grands que nature, qui se démarquent généralement par des exploits guerriers, tels Ulysse dans *L'Odyssée* (VIIIe siècle av. J.-C.) d'HOMÈRE, Lancelot, héros éponyme du récit (1170) de Chrétien de TROYES, ou les protagonistes de *La Guerre des étoiles* (depuis 1977) de George LUCAS, de *Tigre et Dragon* (2000) d'Ang LEE et de la trilogie du *Seigneur des anneaux* (2001-2003) réalisée par Peter JACKSON.

Caractéristiques	Procédés
Multiplication des péripéties	Intrigue à plusieurs péripéties, événements présentés en parallèle, verbes d'action
Effet d'amplification	Phrases exclamatives, abondance d'adjectifs et de noms mélioratifs ou péjoratifs, répétitions, anaphores, pléonasmes, hyperboles, accumulations, gradations, adverbes d'intensité
Effet d'abondance	Noms collectifs, emploi du pluriel, déterminants numéraux ou indéfinis exprimant une quantité
Héroïsme illustré de façon imagée	Périphrases, comparaisons, métaphores, allégories

Exemple

« [...] Sur ce cri, le roi vint. Son cheval était d'un blanc de neige, doré était son bouclier, et sa lance était longue. [...] La lumière jaillit dans le ciel. La nuit s'évanouit. [...] Dans un grand fracas, ils [les soldats] chargèrent. Ils [...] passèrent à travers les rangs de l'Isengard comme un vent de tempête dans l'herbe. Derrière eux, venaient du Gouffre les cris rauques des hommes qui sortaient des cavernes, poussant l'ennemi devant eux. Se déversaient aussi tous les hommes qui restaient sur le Rocher. Et toujours le son des cors se répercutait dans les collines.

Le roi et ses compagnons poursuivirent leur course. Capitaines et champions tombaient ou fuyaient devant eux. Ni Orque ni homme ne leur résistaient. Les ennemis [...] poussaient des cris et des gémissements [...]. »

J. R. R. TOLKIEN, *Le Seigneur des anneaux: Les Deux Tours* (1954).

Vocabulaire mélioratif qui amplifie la grandeur du roi.

Comparaison qui met en valeur l'héroïsme et la détermination des soldats.

Nombreux verbes d'action qui illustrent le chaos qui règne pendant la bataille.

La tonalité fantastique

Définition

Dans une œuvre de tonalité **fantastique**, l'auteur vise à plonger le public dans un univers mystérieux et angoissant en intégrant des éléments surnaturels dans une époque, un lieu et une situation qui semblent bien réels. *Le Horla* (1887) de Guy de MAUPASSANT, *Nouvelles histoires extraordinaires* (1857) d'Edgar Allan POE ainsi que les films *Les Autres* (2001) d'Alejandro AMENABAR et *Le Sixième Sens* (1999) de M. N. SHYAMALAN en constituent de bons exemples.

Variantes : Une œuvre est de tonalité **merveilleuse** lorsque les éléments irréels sont présentés comme un phénomène normal. Dans cette tonalité, un auteur vise à plonger le public dans un univers enchanteur et féerique, comme c'est le cas dans les contes de Hans Christian ANDERSEN et des frères GRIMM, à qui l'on doit notamment le conte de *Blanche-Neige*, et dans *Harry Potter* (1997-2007) de J. K. ROWLING. Les récits d'**horreur**, pour leur part, visent plutôt à faire peur, comme c'est le cas dans le film *Shining : L'Enfant lumière* (1980) de Stanley KUBRICK.

Caractéristiques	Procédés
Suspense, climat d'angoisse et d'incertitude	Champ lexical de l'incompréhension ou de l'angoisse, suspensions, phrases exclamatives et interrogatives, moment de la narration ultérieur à l'histoire
Présence d'éléments mystérieux	Métaphores, comparaisons, personnifications (notamment d'objets), antithèses, termes employés au sens figuré, noms abstraits (exprimant le doute et l'incertitude), pronoms indéfinis, déterminants démonstratifs
Cadre réaliste de l'intrigue	Narrateur personnage, vitesse de la narration réelle ou ralentie, marques spatiotemporelles créant une atmosphère d'incertitude : moment où la visibilité est réduite (la nuit, par temps de brouillard), lieux isolés (forêt, maison abandonnée)

Exemple

« Nous traversâmes une forêt d'un sombre si opaque et si glacial, que je me sentis courir sur la peau un frisson de superstitieuse terreur. Les aigrettes d'étincelles que les fers de nos chevaux arrachaient aux cailloux laissaient sur notre passage comme une traînée de feu, et si quelqu'un, à cette heure de nuit, nous eût vus, mon conducteur et moi, il nous eût pris pour deux spectres à cheval sur le cauchemar. [...] La crinière des chevaux s'échevelait de plus en plus, la sueur ruisselait sur leurs flancs et leur haleine sortait bruyante et pressée de leurs narines. Mais, quand il les voyait faiblir, l'écuyer pour les ranimer poussait un cri guttural qui n'avait rien d'humain, et la course recommençait avec furie. »

Théophile GAUTIER, *La Morte amoureuse* (1836).

Narrateur personnage.

Marque du lieu dans l'histoire : lieu obscur.

Champ lexical de l'angoisse.

Marque du temps : moment pendant lequel la visibilité est réduite.

La tonalité polémique

Définition

Dans un texte de tonalité **polémique**, un auteur vise à susciter un débat sur un sujet donné, comme l'ont fait les écrivains BEAUMARCHAIS dans *Le Mariage de Figaro* (1784), Paul-Émile BORDUAS dans *Refus global* (1948), George ORWELL dans *1984* (1949), ainsi que les cinéastes COSTA-GAVRAS dans *Amen.* (2002) et Michael MOORE dans *Bowling à Columbine* (2002).

Variante : Une œuvre est de tonalité **ironique** lorsqu'un auteur dénonce un sujet ou une situation donnés avec raillerie, comme le font VOLTAIRE dans *Candide* (1759) et Richard DESJARDINS dans sa chanson « Le bon gars » (1990).

Caractéristiques	Procédés
Point de vue engagé du locuteur, qui vise à attirer l'attention du destinataire et à le convaincre	Présence du destinataire (marques de la deuxième personne, apostrophes), phrases interrogatives, définition de certains termes, métaphores, comparaisons, répétitions, périphrases, verbes modalisateurs, verbes de parole et d'opinion, adverbes de point de vue
Ton critique et esprit combatif	Vocabulaire particulièrement péjoratif (adjectifs exprimant un jugement moral, esthétique ou affectif), phrases exclamatives et impératives, champ lexical de l'action, du combat, de la violence ou de l'agressivité
Affirmation du contraire de ce que l'on veut faire comprendre	Antiphrases, oxymores, antithèses, euphémismes, adverbes d'intensité, hyperboles

Exemple

« Tous et toutes, professeurs, citoyens
Animateurs de MusiquePlus et politiciens
Je nous accuse au tribunal de la conscience
D'avoir immolé le français sur l'autel de l'indifférence
Malgré que le combat soit perdu d'avance – même en France –
Nous défendons notre patrie contre l'anglosphyxie[1]
Tel que le firent les Phrygiens[2] face à l'Empire romain
Nous avons pris le maquis[3] linguistique
Et opposons à l'Amérique une résistance lyrique
Notre tactique est unique et consiste en la verbalistique [...] »

LOCO LOCASS, « Malamalangue », *Manifestif* (2000).

Apostrophe qui permet d'interpeller tous les citoyens (marque du destinataire).

Métaphore dénonciatrice.

Champ lexical du combat.

Néologisme : mot-valise formé des mots *verbal* et *balistique*, science qui étudie le mouvement des projectiles. Ce jeu de mots indique que le locuteur utilise le langage comme une arme.

---

1. *Anglosphyxie* : mot-valise formé du préfixe *anglo-* et du mot *asphyxie*, qui exprime l'omniprésence presque suffocante de la langue anglaise au Québec.
2. *Phrygiens* : ancien peuple d'Asie Mineure qui fut asservi par les Romains en 103 av. J.-C.
3. *Prendre le maquis* : entrer dans la clandestinité pour échapper aux autorités.

La tonalité didactique

Définition

La tonalité **didactique** est associée aux œuvres qui visent à instruire. C'est l'objectif que se sont donné les auteurs tels que Jean de LA FONTAINE dans ses *Fables* (1668), Blaise PASCAL dans ses *Pensées* (1669) et Jostein GAARDER dans *Le Monde de Sophie* (1995). La tonalité didactique est également perceptible dans le film de Pierre FALARDEAU *15 février 1839* (2001), qui porte sur la rébellion des Patriotes, ainsi que dans le documentaire *Paysages fabriqués* (2006) de Jennifer BAICHWAL, portant sur les effets nocifs de l'industrialisation.

Caractéristiques	Procédés
Point de vue engagé du locuteur, qui vise à attirer l'attention du destinataire et à le convaincre	Présence du destinataire (marques de la deuxième personne, apostrophes), phrases impératives et interrogatives, marques de modalité (interjections, vocabulaire mélioratif et péjoratif), adverbes d'intensité et hyperboles
Volonté de se faire comprendre	Narration, descriptions, lexique clair et précis (langue familière ou courante), conjonctions qui ont une valeur de cause ou de conséquence, comparaisons, métaphores, personnifications, allégories, répétitions
Présentation de vérités générales	Pronoms indéfinis, mode et temps verbal de l'indicatif présent, phrases de forme négative ou impersonnelle, phrases à présentatif

Exemple

MORALITÉS
« La curiosité malgré tous ses attraits,
Coûte souvent bien des regrets ;
On en voit tous les jours mille exemples paraître.
C'est, n'en déplaise au sexe[1], un plaisir bien léger ;
Dès qu'on le prend il cesse d'être,
Et toujours il coûte trop cher. [...]
Il n'est plus d'époux si terrible,
Ni qui demande l'impossible,
Fût-il malcontent et jaloux.
Près de sa femme on le voit filer doux ;
Et de quelque couleur que sa barbe puisse être,
On a peine à juger qui des deux est le maître. »

Charles PERRAULT, *La Barbe bleue* (1697).

[ ] <u>Déterminants</u> qui marquent une généralité.

<u>Hyperbole</u> qui vise à convaincre le lecteur de la valeur de la morale.

Indicatif présent (<u>temps verbal</u>) qui exprime une vérité générale.

<u>Pronom</u> indéfini qui permet au locuteur de généraliser en parlant au nom de tous.

---

1. *Le sexe* : les femmes.

Qu'ils relèvent de l'énonciation, du lexique, de la syntaxe, du style, de la musicalité ou de l'organisation du discours, les procédés d'écriture se retrouvent toujours nombreux et pêle-mêle dans un texte. Ils doivent donc faire l'objet d'une sélection, étape primordiale de l'analyse littéraire. En effet, analyser, c'est repérer certains procédés, mais c'est aussi choisir les plus pertinents en fonction des idées à exprimer ; c'est également les mettre en relation afin de bâtir une argumentation riche et nuancée. Voilà ce que vous propose ce dernier chapitre : le repérage des procédés qui témoignent du lyrisme du poème.

SOIR D'HIVER

« Ah ! comme la neige a neigé !
Ma vitre est un jardin de givre.
Ah ! comme la neige a neigé !
Qu'est-ce que le spasme de vivre
À la douleur que j'ai, que j'ai !

Tous les étangs gisent gelés,
Mon âme est noire : Où vis-je ? où vais-je ?
Tous ses espoirs gisent gelés :
Je suis la nouvelle Norvège
D'où les blonds ciels s'en sont allés.

Pleurez, oiseaux de février,
Au sinistre frisson des choses,
Pleurez, oiseaux de février,
Pleurez mes pleurs, pleurez mes roses,
Aux branches du genévrier.

Ah ! comme la neige a neigé !
Ma vitre est un jardin de givre.
Ah ! comme la neige a neigé !
Qu'est-ce que le spasme de vivre
À tout l'ennui que j'ai, que j'ai !... »

Émile NELLIGAN, Œuvre (1903).

Procédés d'énonciation : marques de la première personne (*je, j', mon, ma, mes*) qui montrent l'omniprésence du locuteur et marque de modalisation (*Ah !*) exprimant la souffrance.

Procédés syntaxiques et grammaticaux : phrases exclamatives et interrogatives permettant l'introspection, l'expression de la souffrance et du sentiment de déroute du locuteur.

Procédés lexicaux : champ lexical de la douleur (*spasme, douleur, pleurez, pleurs*) qui illustre le mal de vivre du locuteur.

Procédés stylistiques : anaphore qui crée un effet d'insistance sur l'atmosphère de deuil, de tristesse qui imprègne le poème.

Procédés musicaux : allitération occlusive exprimant la dureté, qui met l'accent sur la difficulté de vivre et sur le caractère violent de l'existence.

Écritures dramatique, poétique et narrative

Introduction

La notion de genre littéraire, vaste et problématique, dépasse largement le cadre de ce guide. Ce chapitre ne vise qu'à cibler les spécificités marquantes des écritures dramatique, poétique et narrative, d'hier à aujourd'hui.

Les normes antiques (la *Poétique* d'Aristote, *L'Art poétique* d'Horace) ont grandement inspiré les auteurs jusqu'au XIXe siècle. Avec le romantisme est apparue une rupture marquée par une recherche de formes nouvelles. Le développement du concept de modernité en art et la valorisation de l'originalité se sont ensuite incarnés dans les divers mouvements d'avant-garde qui ont été créés, jusqu'à l'éclatement postmoderne du XXe siècle. De la contrainte à la liberté, de la hiérarchisation des genres à l'indifférenciation postmoderne, de l'imitation à l'originalité, chaque type d'écriture est marqué par des procédés révélateurs qui permettent de le situer dans un contexte précis.

Afin d'illustrer cette évolution, nous présentons l'écriture dans une perspective chronologique : des extraits canoniques centrés sur des thématiques communes mettent en relief les éléments-clés de chaque type d'écriture au fil du temps.

Pour enrichir les liens entre les différents extraits, un fil thématique a été choisi pour chaque partie, mettant ainsi en lumière les convergences et les divergences des textes provenant d'époques et de genres divers.

- Le thème pour l'écriture dramatique est l'**incommunicabilité** : mécanisme fondamental du théâtre, la difficulté de communiquer est au cœur de l'ironie tragique et du quiproquo comique, qu'elle marque l'aveuglement, l'orgueil narcissique ou l'insipidité des échanges humains.

- Le thème pour l'écriture poétique est la **mort**, cette inéluctable certitude dont le caractère terrifiant et inconnu est sublimé par la densité du langage poétique.

- Le thème pour l'écriture narrative est la **rencontre amoureuse** : coup de foudre, envoûtement, curiosité naïve, désir malsain, autant de façons de décliner ce moment charnière de la vie des personnages.

L'écriture dramatique

Les caractéristiques principales

L'écriture dramatique se distingue des autres formes d'écriture par son rapport à la représentation : le texte est d'abord écrit en vue d'être mis en scène et non seulement lu. Comme une partition musicale, un texte de théâtre est incomplet sans interprète et sans public. Un texte dramatique peut ainsi être écrit en prose ou en vers, mais il se distingue par sa finalité : la représentation. Que ce soit pour susciter la terreur et la pitié (tragédie), les larmes (mélodrame), le rire (farce, comédie, vaudeville) ou l'édification (théâtre religieux du Moyen Âge), le théâtre existe d'abord et avant tout pour être joué.

Tout texte dramatique se compose de deux parties distinctes mais indissociables : les paroles des personnages et les **didascalies** (indications scéniques qui précisent le cadre d'énonciation et qui guident la mise en scène en donnant des informations sur les costumes, le mouvement des acteurs, les décors, les éclairages, etc.). Les paroles des personnages prennent généralement la forme d'un **dialogue** (ensemble de **répliques** qu'échangent deux ou plusieurs personnages d'une pièce), mais il peut également s'agir d'un **monologue** (discours qu'un personnage, seul sur scène, adresse au public), d'un **soliloque** (monologue intérieur), d'une **tirade** (longue réplique dite par un personnage devant d'autres personnages) ou d'un **aparté** (réflexion d'un personnage, à l'insu des autres personnages, que seul le spectateur est censé entendre). Au fil du temps, certains types de paroles deviendront des incontournables (le monologue du protagoniste dans la tragédie classique, l'aparté dans la comédie...). Selon les époques, les didascalies peuvent être quasi nulles (par exemple dans les tragédies de Jean Racine) ou très importantes (comme dans *Acte sans paroles* de Samuel Beckett, où toute la pièce est une immense didascalie sans répliques). L'intrigue dramatique, qui peut être plus ou moins complexe selon la forme théâtrale et l'époque, est structurée autour d'une **exposition** ou d'un **prologue** qui présentent les détails importants de l'intrigue (temps, lieux, personnages...), de **péripéties** (événements inattendus qui entraînent un changement subit de situation tout en faisant progresser l'intrigue), d'un **nœud** (point culminant où le conflit entre les personnages atteint son paroxysme) et d'un **dénouement** (dernière partie d'une œuvre, où se dénoue l'intrigue).

Un bref aperçu historique

Dès l'Antiquité, l'écriture dramatique est très hiérarchisée : un genre élevé comme la **tragédie** s'oppose à des genres inférieurs comme la comédie. Dans sa célèbre *Poétique*, Aristote fait la part belle à la tragédie, décrivant en détail sa finalité (susciter la **catharsis**, soit un phénomène de libération des passions), sa forme, ses contraintes, etc. Au XVIIᵉ siècle, en France, ces contraintes restent au cœur des préoccupations des auteurs classiques, qui considèrent le côté baroque des pièces de William Shakespeare comme inacceptable et barbare. Par exemple, la querelle du *Cid* force Pierre Corneille à justifier ses choix scéniques (notamment la fin heureuse et le non-respect apparent des trois unités : unités de temps, de lieu et d'action). Corneille et Racine se voient ainsi obligés de justifier le moindre de leurs choix au nom du respect des règles de la tragédie classique.

La **comédie**, genre inférieur, n'est pas aussi codifiée, mais les procédés mis au point par les auteurs antiques comme Aristophane et Plaute sont repris dans le théâtre populaire du Moyen Âge (notamment la farce), puis chez les auteurs classiques comme Molière.

La rupture de cette hiérarchie dramatique s'amorce avec les romantiques, au XIXe siècle. Dans la préface de *Cromwell*, Victor Hugo, chef de file des romantiques, ébranle les règles du théâtre en mélangeant le grotesque et le sublime et en refusant les contraintes classiques. Avec *Lorenzaccio*, Alfred de Musset crée un **drame** fait d'abord pour être lu et non pour être joué. Ce premier pas vers la modernité au théâtre prépare la voie aux dramaturges des XXe et XXIe siècles, qui peuvent combiner tragédie et comédie, humour absurde et réflexions philosophiques…

Au-delà des règles et des normes, chaque forme théâtrale est le reflet d'une époque, d'une conception du monde et du public : caractère sacré du théâtre grec, populisme de la farce, mysticisme des miracles présentés sur le parvis des cathédrales au Moyen Âge, excès des « pièces à machines » baroques, élitisme des tragédies présentées à la cour de Louis XIV, subversion du théâtre expérimental contemporain… Toutefois, plus que tout autre genre, le théâtre est fait pour être relu, réinterprété, réactualisé. Chaque nouvelle mise en scène transforme ainsi la représentation en un spectacle inédit.

La tragédie antique

Née dans la Grèce du ve siècle av. J.-C., la tragédie antique est une œuvre dramatique écrite en vers, dans une langue soutenue et déclamée sur un ton solennel. Les principaux tragédiens antiques que sont Eschyle, Sophocle et Euripide mettent en scène des personnages de haute valeur morale aux prises avec un destin funeste, ce qui suscite chez le spectateur des sentiments de terreur et de pitié. Outre les acteurs, un chœur intervient tout au long de la tragédie antique : d'une part, il commente ce qui a été fait et dit ; d'autre part, il guide le spectateur vers ce qui va suivre.

Exemple

Extrait de l'épisode I d'*Œdipe roi*[1] (entre 430 et 420 av. J.-C.), Sophocle (495-406 av. J.-C.)

Œdipe, devenu roi de Thèbes après avoir vaincu le Sphinx, voit son royaume dévasté par la peste. À la recherche du responsable de la colère divine, il ignore qu'il en est lui-même la cause parce que, sans le savoir, il a tué son père, Laïos, et épousé sa mère, Jocaste. Dans l'extrait qui suit, Œdipe ne tient pas compte des avertissements du devin aveugle Tirésias, qui connaît la vérité.

Accompagné par deux esclaves d'Œdipe, Tirésias entre, guidé par un enfant.
[...]

TIRÉSIAS – Pauvre malheureux, qui me fais des reproches que tous ces gens te feront bientôt ! [...]

ŒDIPE – [...] Moi, je suis arrivé, ne sachant rien, moi, Œdipe, et j'ai fermé la bouche à la Sphinge par ma seule intelligence [...]. Et voilà l'homme qu'aujourd'hui tu prétends chasser, car tu te vois déjà debout auprès du trône de Créon ! Il t'en coûtera cher, je crois [...].

LE CORYPHÉE – À notre avis, les paroles de [Tirésias] étaient dictées par la colère, et les tiennes aussi, Œdipe. Or nous n'avons pas besoin de tels éclats ; comment accomplir au mieux l'oracle du dieu, voilà ce qu'il faut examiner.

TIRÉSIAS – [...] Voici ce que je te dis, puisque tu m'as reproché d'être aveugle : toi, tu as des yeux, mais tu ne vois pas jusqu'où va ta misère, ni sous quel toit tu vis, ni avec qui tu habites. Sais-tu de qui tu es le fils ? À ton insu tu es l'ennemi des tiens, aux Enfers comme sur terre. Frappant des deux côtés à la fois, la malédiction de ton père et de ta mère va te chasser de cette terre [...]. Tu y vois clair maintenant : tu ne verras ensuite que ténèbres. [...] Jamais homme n'aura été plus effroyablement que toi broyé par le sort.

ŒDIPE – Ah ! peut-on tolérer de t'entendre ainsi parler ? Ne t'en iras-tu pas au diable, et plus vite que cela ? Ne repartiras-tu pas, ne t'éloigne-ras-tu pas de ce palais ?

TIRÉSIAS – Je ne serais pas venu, si tu ne m'avais pas appelé.

ŒDIPE – C'est que je ne savais pas que tu dirais des folies [...].

TIRÉSIAS – Je suis donc, à ton avis, un fou ? Cependant, pour tes parents qui t'ont donné le jour, j'étais un homme sensé.

ŒDIPE – Quels parents ? Reste. Quel mortel est mon père ?

---

1. Traduction par Maurice Véricel, Paris, Bordas, coll. « Univers des Lettres Bordas », 1970, p. 50-56.

> TIRÉSIAS – Le jour que voici va te donner la naissance et la mort.
>
> ŒDIPE – Comme tout ce que tu dis est obscur et énigmatique !
>
> TIRÉSIAS – Mais tu n'es donc plus capable d'en deviner le sens ?
>
> *[...] Tirésias sort, pendant qu'Œdipe rentre au palais.*

Observations

Les **didascalies** encadrent l'entrée et la sortie de scène du personnage de Tirésias (dans le théâtre classique, c'est le découpage par scènes qui marquera l'entrée ou la sortie des personnages).

Le **coryphée**, représentant du chœur et observateur neutre, intervient au cours de la confrontation entre Œdipe et Tirésias pour calmer le jeu.

L'**unité de temps** (l'action se déroule en 24 heures) est évoquée dans une réplique de Tirésias (*Le jour que voici va te donner la naissance et la mort.*) afin de montrer la toute-puissance de la machine infernale tragique : la pièce présente de façon dense et grave la découverte fatidique d'Œdipe. La gravité des propos du devin préfigure la terreur et la pitié que ressentira le spectateur lorsque Œdipe aura découvert la vérité, ce qui entraînera une catharsis, soit un phénomène de libération des passions.

Fil thématique de l'incommunicabilité

L'incommunicabilité repose ici sur le discours énigmatique de Tirésias : malgré sa cécité, le devin est beaucoup plus lucide qu'Œdipe qui, aveuglé par son orgueil démesuré (*hybris*), l'insulte plutôt que de chercher à le comprendre.

Le théâtre classique : la tragédie

Héritière de la tragédie antique, la tragédie classique atteint son apogée en France au XVIIe siècle, avec Pierre Corneille et Jean Racine. Fidèle aux préceptes établis dans la *Poétique* d'Aristote (personnages historiques ou mythologiques de haute valeur morale, ton solennel, toute-puissance de la fatalité qui suscite la terreur et la pitié...), elle est marquée par de nombreuses contraintes, entre autres le respect des règles de bienséance (aucune action choquante n'est présentée sur scène) et de vraisemblance (les événements d'une intrigue semblent vrais et possibles dans la réalité), le respect des unités de temps, de lieu et d'action, ainsi qu'une structure fixe de cinq actes.

Exemple

Extrait de l'acte II, scène VI de *Britannicus* (1670), Jean Racine (1639-1699)

L'empereur romain Néron a fait enlever Junie, l'amante du jeune prince Britannicus, son rival politique. Souhaitant épouser Junie, Néron lui ordonne de rompre avec Britannicus – sans révéler la raison de leur rupture –, sans quoi il le fera exécuter. Dans l'extrait qui suit, Néron, caché, observe l'échange entre les amants.

> *La scène est à Rome, dans une chambre du palais de Néron. [...]*
>
> BRITANNICUS – Madame, quel bonheur me rapproche de vous ?
> Quoi ! je puis donc jouir d'un entretien si doux ?
> Mais, parmi ce plaisir, quel chagrin me dévore !
> Hélas ! puis-je espérer de vous revoir encore ?
> Faut-il que je dérobe avec mille détours,
> Un bonheur que vos yeux m'accordaient tous les jours ? [...]
> Vous ne me dites rien ! Quel accueil ! Quelle glace !
> Est-ce ainsi que vos yeux consolent ma disgrâce ?
> Parlez : nous sommes seuls. Notre ennemi, trompé,
> Tandis que je vous parle, est ailleurs occupé.
> Ménageons les moments de cette heureuse absence.
>
> JUNIE – Vous êtes en des lieux tout pleins de sa puissance :
> Ces murs mêmes, Seigneur, peuvent avoir des yeux ;
> Et jamais l'empereur n'est absent de ces lieux.
>
> BRITANNICUS – Et depuis quand, madame, êtes-vous si craintive ?
> Quoi ! déjà votre amour souffre qu'on la captive ?
> Qu'est devenu ce coeur qui me jurait toujours
> De faire à Néron même envier nos amours ?
> Mais bannissez, madame, une inutile crainte :
> La foi dans tous les cœurs n'est pas encore éteinte ;
> Chacun semble des yeux approuver mon courroux ;
> La mère de Néron se déclare pour nous.
> Rome, de sa conduite elle-même offensée...
>
> JUNIE – Ah ! Seigneur ! vous parlez contre votre pensée.
> Vous-même, vous m'avez avoué mille fois
> Que Rome le louait d'une commune voix ;
> Toujours à sa vertu vous rendiez quelque hommage.
> Sans doute la douleur vous dicte ce langage.

BRITANNICUS – Ce discours me surprend, il le faut avouer :
Je ne vous cherchais pas pour l'entendre louer.
Quoi ! pour vous confier la douleur qui m'accable,
À peine je dérobe un moment favorable ;
Et ce moment si cher, madame, est consumé
À louer l'ennemi dont je suis opprimé !
Qui vous rend à vous-même, en un jour, si contraire ?
Quoi ! même vos regards ont appris à se taire ?
Que vois-je ? Vous craignez de rencontrer mes yeux !
Néron vous plairait-il ? Vous serais-je odieux ?
Ah ! si je le croyais !... Au nom des dieux, madame,
Éclaircissez le trouble où vous jetez mon âme.
Parlez. Ne suis-je plus dans votre souvenir ?

JUNIE – Retirez-vous, Seigneur ; l'empereur va venir.

Observations

La rareté des **didascalies** est caractéristique du théâtre classique. Bien que Néron soit caché, aucune indication scénique ne le montre. La tragédie classique, qui vise l'éternel et l'universel, est très abstraite, refusant toute allusion au corps, aux costumes, aux décors.

La didascalie, inscrite tout au début de la pièce, marque le respect de l'**unité de lieu** (toute l'intrigue se déroule dans une chambre du palais de Néron). La pièce respecte aussi l'**unité de temps** (elle se déroule en moins de 24 heures, d'où la surprise de Britannicus devant la volte-face de Junie) et l'**unité d'action** (il n'y a qu'une seule intrigue principale : la rivalité entre Néron et Britannicus).

Le caractère grave et solennel de la tragédie est marqué par les **répliques** en alexandrins classiques et par un **registre de langue soutenu** (*courroux, Seigneur, odieux*).

Fil thématique de l'incommunicabilité

L'incommunicabilité repose ici sur un quiproquo : Britannicus ne comprend pas la froideur de Junie à son égard ni ses tentatives voilées pour le protéger de Néron. Le jeune prince interprète mal le double sens des paroles de Junie, contrainte d'adopter un ton énigmatique pour obéir à l'empereur.

Le théâtre classique : la comédie

La comédie classique, considérée comme un genre inférieur, n'a pas à respecter autant de contraintes que la tragédie. Molière, son principal et incontournable représentant, s'inspire des Anciens (Plaute et Térence), mais aussi de la farce médiévale (comédie populaire de nature bouffonne) et de la commedia dell'arte (comédie originaire de l'Italie du XVIe siècle caractérisée par l'usage du masque et par l'improvisation à partir d'un simple canevas). La dimension morale, présente dans la tragédie, est également fondamentale chez Molière : sur un ton léger, il utilise le grossissement et la dérision pour montrer les travers de l'homme (hypocrisie, avarice…) et de la société. Le dénouement, toujours heureux, fait parfois appel à un coup de théâtre peu vraisemblable, c'est-à-dire un soudain retournement de situation qui change l'issue de l'intrigue.

Exemple

Extrait de l'acte III, scène X du *Bourgeois gentilhomme* (1670), Molière (1622-1673)

Cléonte est amoureux de Lucile, la fille de M. Jourdain, mais il est dépité qu'elle ait feint de ne pas le voir lors d'une précédente rencontre et, par orgueil, il décide de rompre avec elle. Dans l'extrait qui suit, l'intrigue repose sur un malentendu entre les personnages : Lucile cherche à s'expliquer à Cléonte, sans succès, alors que Nicole, la servante de Lucile, tente de faire de même auprès de Covielle, le valet de Cléonte.

La scène se déroule à Paris. [...]

CLÉONTE – [...] Je veux être le premier à rompre avec vous [...]. J'aurai de la peine, sans doute, à vaincre l'amour que j'ai pour vous, [...] mais j'en viendrai à bout, et je me percerai plutôt le cœur, que d'avoir la faiblesse de retourner à vous. [...]

LUCILE – Voilà bien du bruit pour un rien. Je veux vous dire, Cléonte, le sujet qui m'a fait ce matin éviter votre abord.

CLÉONTE *fait semblant de s'en aller et tourne autour du théâtre* – Non, je ne veux rien écouter.

NICOLE – Je te veux apprendre la cause qui nous a fait passer si vite.

COVIELLE *suit Lucile* – Je ne veux rien entendre.

LUCILE *suit Cléonte* – Sachez que ce matin…

CLÉONTE – Non, vous dis-je.

NICOLE *suit Covielle* – Apprends que…

COVIELLE – Non, traîtresse.

LUCILE – Écoutez.

CLÉONTE – Point d'affaire.

NICOLE – Laisse-moi dire.

COVIELLE – Je suis sourd.

LUCILE – Cléonte.

CLÉONTE – Non.

NICOLE – Covielle.

COVIELLE – Point.

LUCILE – Arrêtez.

CLÉONTE – Chansons.

NICOLE – Entends-moi.

COVIELLE – Bagatelle.

LUCILE – Un moment.

CLÉONTE – Point du tout.

NICOLE – Un peu de patience.

COVIELLE – Tarare[1].

LUCILE – Deux paroles.

CLÉONTE – Non, c'en est fait.

NICOLE – Un mot.

COVIELLE – Plus de commerce.

LUCILE – Hé bien ! puisque vous ne voulez pas m'écouter, demeurez dans votre pensée, et faites ce qu'il vous plaira.

NICOLE – Puisque tu fais comme cela, prends-le tout comme tu voudras.

Observations

Les **didascalies** créent un **comique de geste**, en précisant quels mouvements doivent être effectués par les comédiens (la feinte de sortie de Cléonte, les quatre personnages qui se suivent à la queue leu leu en tentant de se parler). La didascalie initiale, qui montre le respect de l'**unité de lieu**, reste toutefois floue, dans la tradition du théâtre classique.

L'écart entre les **registres de langue** est typique de la comédie classique : les domestiques se tutoient, alors que Lucile et Cléonte, qui appartiennent à la haute bourgeoisie, se vouvoient. La symétrie entre les répliques des maîtres et des valets donne lieu à un **comique de mots**. Les répliques courtes entrecoupées créent une cacophonie d'autant plus amusante que les valets imitent les maîtres.

La dimension morale de la scène se dégage du **comique de caractère**, souligné par l'orgueil mal placé de Cléonte, dont la conduite puérile et ridicule provoque le rire.

Fil thématique de l'incommunicabilité

L'incommunicabilité passe ici par le refus délibéré de Cléonte et de Covielle d'entendre Lucile et Nicole. Aveuglé par son amour-propre, Cléonte amplifie le malentendu amoureux, mais dans une perspective comique. D'ailleurs, le malentendu sera vite levé entre les deux amants.

---

1. *Tarare* : interjection de refus moqueur.

Le drame romantique

Apparaissant en France dans la première moitié du XIXe siècle sous la plume de Victor Hugo et d'Alfred de Musset, le drame romantique s'affranchit du carcan des règles classiques, notamment par le rejet de l'alexandrin classique et des trois unités, l'éclatement de l'intrigue, la multiplication des péripéties, le refus de la bienséance, la valorisation de nouvelles périodes historiques et de la couleur locale, ainsi que par le mélange du pathétique et du comique, du sublime et du grotesque.

Exemple

Extrait de l'acte I, première partie, scène IV de *Lucrèce Borgia* (1833), Victor Hugo (1802-1885)

Lucrèce Borgia, une empoisonneuse notoire issue d'une illustre famille, est méprisée de tous et hantée par le besoin d'être aimée. Dans l'extrait qui suit, le jeune capitaine Gennaro s'adresse en toute franchise à son interlocutrice, sans connaître son identité. Non seulement il ignore qu'il parle à Lucrèce Borgia, mais aussi qu'elle est sa mère...

Une terrasse du palais Barbarigo, à Venise. C'est une fête de nuit. Des masques traversent par instants le théâtre. Des deux côtés de la terrasse, le palais, splendidement illuminé et résonnant de fanfares. La terrasse couverte d'ombres et de verdure. Au fond, au bas de la terrasse, est censé couler le canal de la Zuecca, sur lequel on voit passer par moments, dans les ténèbres, des gondoles, chargées de masques et de musiciens, à demi éclairées. Chacune de ces gondoles traverse le fond du théâtre avec une symphonie tantôt gracieuse, tantôt lugubre, qui s'éteint par degrés dans l'éloignement. Au fond, Venise, au clair de lune.

DOÑA LUCREZIA – Cette terrasse est obscure et déserte ; je puis me démasquer ici. Je veux que vous voyiez mon visage, Gennaro.

Elle se démasque.

GENNARO – Vous êtes bien belle !

DOÑA LUCREZIA – Regarde-moi bien, Gennaro, et dis-moi que je ne te fais pas horreur !

GENNARO – Vous, me faire horreur, madame ! Et pourquoi ? Bien au contraire, je me sens au fond du cœur quelque chose qui m'attire vers vous.

DOÑA LUCREZIA – Donc tu crois que tu pourrais m'aimer, Gennaro ?

GENNARO – Pourquoi non ? Pourtant, madame, je suis sincère, il y aura toujours une femme que j'aimerai plus que vous.

DOÑA LUCREZIA, *souriant* – Je sais, la petite Fiammetta.

GENNARO – Non.

DOÑA LUCREZIA – Qui donc ?

GENNARO – Ma mère.

DOÑA LUCREZIA – Ta mère ! Ta mère, ô mon Gennaro ! Tu aimes bien ta mère, n'est-ce pas ?

> GENNARO – Et pourtant je ne l'ai jamais vue. Voilà qui vous paraît bien singulier, n'est-il pas vrai ? Tenez, je ne sais pas pourquoi j'ai une pente à me confier à vous ; je vais vous dire un secret que je n'ai encore dit à personne [...]. Cela est étrange de se livrer ainsi au premier venu ; mais il me semble que vous n'êtes pas pour moi la première venue. Je suis un capitaine qui ne connaît pas sa famille, j'ai été élevé en Calabre par un pêcheur dont je me croyais le fils. [...] Un homme vêtu de noir vint m'apporter une lettre. Je l'ouvris. C'était ma mère qui m'écrivait, ma mère que je ne connaissais pas, ma mère que je rêvais bonne, douce, tendre, belle comme vous ! Ma mère, que j'adorais de toutes les forces de mon âme ! Cette lettre m'apprit, sans me dire aucun nom, que j'étais noble et de grande race, et que ma mère était bien malheureuse. Pauvre mère !

Observations

La **didascalie** initiale produit une rupture nette avec le théâtre classique : il s'agit davantage d'une description détaillée que d'une simple indication scénique. Elle est appuyée par de nombreuses marques de **couleur locale** (*palais Barbarigo, canal de la Zuecca, gondoles...*), qui campent précisément l'intrigue dans l'Italie de la Renaissance. Au sein même de cette didascalie, les contrastes chers aux dramaturges romantiques ressortent, comme dans le reste de l'extrait : lumières et ténèbres, atmosphère tantôt festive, tantôt lugubre, beauté et horreur...

Le refus des **trois unités** classiques est notamment perceptible par les nombreux sauts dans le temps et changements de lieux (Venise, Ferrare, Rome) au cours de la pièce.

Les **répliques** en prose marquent également une rupture avec la tragédie classique (bien que certains drames romantiques soient encore en vers).

Fil thématique de l'incommunicabilité

L'incommunicabilité repose ici sur un quiproquo : l'impossibilité pour Lucrèce Borgia de dévoiler à Gennaro qui elle est réellement (une femme rejetée de tous, mais aussi sa mère), en dépit de leur attirance mutuelle inexplicable. Malgré son désir de mettre bas les masques, elle continue de cacher sa véritable identité, alors que son fils lui fait, à son insu, une déclaration d'amour magnifique. Victor Hugo revisite le mythe d'Œdipe du point de vue conflictuel et tourmenté de l'héroïne romantique : monstrueuse par tous les crimes qu'elle a commis, Lucrèce Borgia est rachetée par l'amour maternel qu'elle voue à son fils.

Le théâtre de l'absurde

Influencé par Jean-Paul Sartre et Albert Camus, le théâtre de l'absurde naît en France dans les années 1950. Ses principaux représentants, Samuel Beckett et Eugène Ionesco, y dépeignent un monde disloqué, dénué de logique. L'existence humaine étant dépourvue de sens, le langage le devient aussi, d'où un décalage important et une déconstruction dans toutes les facettes de l'écriture dramatique (didascalies, répliques, intrigue, structure...).

Extrait de la scène I de *La Cantatrice chauve*[1] (1950), Eugène Ionesco (1909-1994)

Inspirée des phrases insipides d'un manuel d'anglais, *La Cantatrice chauve* ne met en scène aucune cantatrice (le titre vient d'un lapsus d'un comédien), mais plutôt des personnages caricaturaux qui récitent une série de dialogues déjantés. L'extrait qui suit est le début de la pièce.

Intérieur bourgeois anglais, avec des fauteuils anglais. Soirée anglaise. M. Smith, Anglais, dans son fauteuil et ses pantoufles anglais, fume sa pipe anglaise et lit un journal anglais, près d'un feu anglais. Il a des lunettes anglaises, une petite moustache grise, anglaise. À côté de lui, dans un autre fauteuil anglais, Mme Smith, Anglaise, raccommode des chaussettes anglaises. Un long moment de silence anglais. La pendule anglaise frappe dix-sept coups anglais.

Mme SMITH – Tiens, il est neuf heures. Nous avons mangé de la soupe, du poisson, des pommes de terre au lard, de la salade anglaise. Les enfants ont bu de l'eau anglaise. Nous avons bien mangé, ce soir. C'est parce que nous habitons dans les environs de Londres et que notre nom est Smith.

M. SMITH, *continuant sa lecture, fait claquer sa langue.*

Mme SMITH – Les pommes de terre sont très bonnes avec le lard, l'huile de la salade n'était pas rance. L'huile de l'épicier du coin est de bien meilleure qualité que l'huile de l'épicier d'en face, elle est même meilleure que l'huile de l'épicier du bas de la côte. Mais je ne veux pas dire que leur huile à eux soit mauvaise.

M. SMITH, *continuant sa lecture, fait claquer sa langue.*

Mme SMITH – Pourtant, c'est toujours l'huile de l'épicier du coin qui est la meilleure...

M. SMITH, *continuant sa lecture, fait claquer sa langue.*

Mme SMITH : Mary a bien cuit les pommes de terre, cette fois-ci. La dernière fois elle ne les avait pas bien fait cuire. Je ne les aime que lorsqu'elles sont bien cuites.

M. SMITH, *continuant sa lecture, fait claquer sa langue.*

Mme SMITH – Le poisson était frais. Je m'en suis léché les babines. J'en ai pris deux fois. Non, trois fois. Ça me fait aller aux cabinets. Toi aussi tu en as pris trois fois. Cependant la troisième fois, tu en as pris moins que les deux premières fois, tandis que moi j'en ai pris beaucoup plus. J'ai mieux mangé que toi, ce soir. Comment ça se fait ? D'habitude, c'est toi qui manges le plus. Ce n'est pas l'appétit qui te manque.

---

1. Eugène Ionesco, *La Cantatrice chauve*, Paris, Éditions Gallimard, coll. «Le manteau d'Arlequin», 1954, p. 9.

> M. SMITH, *continuant sa lecture, fait claquer sa langue*.
>
> Mme SMITH – Cependant, la soupe était peut-être un peu trop salée. Elle avait plus de sel que toi. Ah, ah, ah. Elle avait aussi trop de poireaux et pas assez d'oignons. Je regrette de ne pas avoir conseillé à Mary d'y ajouter un peu d'anis étoilé. La prochaine fois, je saurai m'y prendre.

Observations

La **didascalie** initiale marque un décalage net sur le plan du langage et du rapport au théâtre. En effet, la didascalie est davantage faite pour être lue que pour servir d'indication scénique éclairante : le **comique de mots** créé par la répétition à outrance de l'adjectif *anglais* présente de façon absurde le stéréotype du décor anglais. Plus le terme est employé, plus il perd de son sens, en venant même à décrire des réalités qui échappent au cadre de l'identification nationale (le silence, le feu, les coups de la pendule, l'eau). La didascalie répétée décrivant le claquement de langue de M. Smith crée un **comique de geste** : le rapport même au dialogue est perverti en raison de l'absence de réplique, à laquelle l'auteur substitue un son ridicule.

Le **rapport au temps** est distordu dans l'extrait : la pendule qui sonne 17 fois préfigure le cadre absurde de la pièce, d'autant plus que Mme Smith contredit la pendule en annonçant qu'il est neuf heures.

La **logique absurde** est présente dans l'absence de rapport causal entre le fait de bien manger et le nom de famille des personnages. L'**absence d'intrigue** est notable tout au long de l'extrait, mais ressort particulièrement dans la réplique de Mme Smith sur la qualité de l'huile.

Fil thématique de l'incommunicabilité

L'incommunicabilité passe ici par l'insipidité des échanges et l'absence d'enchaînement logique dans le dialogue. Le langage creux témoigne de l'impossibilité de l'être humain à communiquer efficacement dans un monde où dominent des considérations triviales (une description détaillée et ininterrompue du repas).

Les caractéristiques principales

L'écriture poétique se distingue par sa puissance d'évocation : le texte est générale-ment bref, et ce qui est exprimé n'est pas toujours directement nommé, d'où l'impor-tance des procédés stylistiques, qui traduisent le monde en images.

Qu'il s'agisse de textes en vers régis par la versification ou de textes plus modernes, le texte poétique se reconnaît également par sa combinaison de **rythme**, d'**images** et de jeux de **sonorité**.

Un bref aperçu historique

Dans l'Antiquité, tout ce qui est écrit en vers est appelé poésie. Lorsque les vers, rythmés, sont accompagnés de la musique de la lyre, on parle alors de poésie lyrique. Pendant longtemps, la poésie reste associée au lyrisme, c'est-à-dire empreinte de musicalité et d'émotions. À la Renaissance, la technique du vers se perfectionne grâce à un travail sur la richesse des rimes ; l'expression des sentiments personnels est indissociable d'un rigoureux travail formel. Au XVIIe siècle, avec le classicisme, la raison domine. L'écriture est retenue, et les épanchements lyriques n'ont plus leur place.

Toutefois, au début du XIXe siècle, les poètes romantiques renouent avec le lyrisme, portant à son apogée l'exaltation des sentiments. En réaction à cette surenchère lyrique, les partisans de l'art pour l'art prônent une poésie où domine la virtuosité formelle. Avec le symbolisme, la poésie devient un instrument mystique permettant d'explorer la perception de l'invisible. Au XXe siècle, avec les surréalistes, s'expriment les images produites par l'inconscient.

Jusqu'au XIXe siècle, la poésie obéit donc aux règles de la **versification**. Mais depuis la fin du XIXe siècle, les poètes explorent de nouvelles formes poétiques (**vers libre**, **poème en prose**, **calligramme**). Parfois d'une simplicité désarmante, parfois portée par le souffle épique de l'engagement, parfois teintée de lyrisme, parfois marquée par une objectivité toute formaliste, la poésie contemporaine, libre, puise à toutes ces sources.

Les techniques de base de la versification[1]

Un **vers** est un ensemble de mots qui s'écrivent sur une seule ligne. Un vers ne corres-pond pas nécessairement à une phrase : il arrive qu'une phrase se déploie sur plu-sieurs vers ou, à l'inverse, qu'il y ait plusieurs phrases dans un seul vers.

La plupart des vers tirent leur nom du nombre de syllabes[2] qui les composent : **1- monosyllabe**, **2- dissyllabe**, **3- trisyllabe**, **4- quadrisyllabe**, **5- pentasyllabe**, **6- hexasyllabe**, **7- heptasyllabe**, **8- octosyllabe**, **9- ennéasyllabe**, **10- décasyllabe**, **11- hendécasyllabe**, **12- alexandrin (ou dodécasyllabe)**. L'alexandrin classique com-porte une césure qui le divise en deux hémistiches. Il s'agit du vers le plus utilisé depuis le XVIe siècle, tant en poésie qu'au théâtre. Le vers libre (généralement non rimé

---

1. *Versification* : ensemble des conventions régissant la structure interne du vers, l'agencement des vers entre eux, de même que le groupement des vers en strophes et en poèmes à forme fixe.
2. Une syllabe est un groupe de consonnes et de voyelles qui se prononcent d'une seule émission de voix. Il est préférable d'employer ce terme et non le mot *pied*, car ce dernier, calqué sur le découpage du vers latin (alternance de voyelles brèves et de voyelles longues), ne s'applique pas à la versification française.

et de longueur irrégulière), apparu à la fin du XIXᵉ siècle, a progressivement supplanté le vers régulier au cours du siècle suivant.

Pour **compter le nombre de syllabes**, il faut prêter une attention particulière aux aspects suivants:

◆ **Le e caduc (ou e muet):** Le e caduc est élidé (il ne se prononce pas) lorsqu'il est placé en fin de vers ou qu'il est suivi d'une voyelle à l'intérieur du vers. Il ne compte que s'il est placé entre deux consonnes à l'intérieur du vers.

      1   2   3   4   5   6   7   8   9   10 11 12

Ex.: Man/ger/ l'her/<u>be</u>/ d'au/trui!/ Quel /cri/<u>m(e) a</u>/bo/mi/<u>nabl(e)</u>!

Jean de LA FONTAINE, « Les animaux malades de la peste », *Fables* (1668-1693).

◆ **Les voyelles en contact:** Deux voyelles qui se suivent à l'intérieur d'un mot (n<u>ui</u>t, l<u>io</u>n) se prononcent soit en une seule syllabe (synérèse), soit en deux syllabes (diérèse). C'est la comparaison avec la longueur des autres vers de la strophe qui permet de déterminer si la prononciation se fait en une ou deux syllabes, puisque les vers comportent le même nombre de syllabes dans la versification classique.

     1   2 3   4   5   6   7 8   9   10   11   12

Ex.: En/vo/le-/toi/ b<u>ie</u>n/ l<u>oi</u>n/ de/ ces/ m<u>ia</u>s/mes/ mor/bides

    1   2   3 4 5 6   7   8   9 10 11 12

Va/ te/ pu/ri/<u>fi</u>/er/ dans/ l'air/ su/pé/<u>ri</u>/eur

Charles BAUDELAIRE, « Élévation », *Les Fleurs du mal* (1857).

La **césure** est une coupe fixe qui sépare en deux **hémistiches** les vers de plus de huit syllabes (le plus souvent, un alexandrin ou un décasyllabe). L'hémistiche est la moitié d'un vers comportant une césure. L'alexandrin classique comprend deux hémistiches de six syllabes chacun. Dans le décasyllabe, la césure est généralement placée après la quatrième ou la cinquième syllabe.

Ex.: Résigne-toi, mon cœur;// dors ton sommeil de brute.

Charles BAUDELAIRE, « Le goût du néant », *Les Fleurs du mal* (1857).

Une **strophe** est un groupe de vers séparé d'un autre groupe de vers par un double interligne et organisé selon certaines règles qui assurent souvent sa cohésion (longueur des vers, nombre de vers dans la strophe, assemblage des rimes). La strophe est l'équivalent d'un paragraphe dans un texte en prose. Une strophe comportant un seul type de vers est isométrique, tandis qu'une strophe qui en compte plusieurs types de longueurs différentes est hétérométrique. Les strophes tirent leur nom du nombre de vers qu'elles contiennent : **1- monostiche, 2- distique, 3- tercet, 4- quatrain, 5- quintil, 6- sizain, 7- septain, 8- huitain, 9- neuvain (ou nonain), 10- dizain, 11- onzain, 12- douzain.**

La **rime** est la récurrence, à la fin de deux vers ou plus, d'un certain nombre de sons (il s'agit généralement de la dernière voyelle accentuée du vers et de ce qui la suit).

Les rimes **féminines** se terminent par un e caduc (qui peut être suivi de consonnes non prononcées); toutes les autres rimes sont dites **masculines**. La versification classique préconisait l'alternance des rimes masculines et féminines.

Ex. : Vaincu, chargé de fers, de regrets cons<u>umé</u>,
Brûlé de plus de feux que je n'en all<u>umai</u>,
Tant de soins, tant de pleurs, tant d'ardeurs inqui<u>ètes</u>...
Hélas ! Fus-je jamais si cruel que vous l'<u>êtes</u> ?

Jean RACINE, *Andromaque* (1668).

La **qualité des rimes** est mesurée par le nombre de sonorités communes que partagent les vers. Le e caduc qui termine un vers ne compte jamais pour une sonorité.

◆ **Rime pauvre :** Rime qui ne comporte qu'une sonorité commune, c'est-à-dire la dernière voyelle accentuée du vers.

Ex. : Le Corbeau, honteux et conf/<u>us</u>
Jura, mais un peu tard, qu'on ne l'y prendrait pl/<u>us</u>.

Jean de LA FONTAINE, « Le Corbeau et le Renard », *Fables* (1668-1693).

◆ **Rime suffisante :** Rime qui comporte deux sonorités communes.

Ex. : Hé ! bonjour, Monsieur du Cor/<u>b/eau</u>
Que vous êtes joli ! que vous me semblez <u>b/eau</u> !

Jean de LA FONTAINE, « Le Corbeau et le Renard », *Fables* (1668-1693).

◆ **Rime riche :** Rime qui comporte au moins trois sonorités communes.

Ex. : Sans mentir, si votre ra/<u>m/a/g(e)</u>
Se rapporte à votre plu/<u>m/a/g(e)</u>

Jean de LA FONTAINE, « Le Corbeau et le Renard », *Fables* (1668-1693).

Les modes les plus fréquents de **disposition des rimes sont les suivants** :

◆ **Rimes plates (ou suivies) :** Rimes qui s'enchaînent directement (A A B B).

Ex. : Selon que votre idée est plus ou moins obsc<u>ure</u>,
L'expression la suit, ou moins nette, ou plus p<u>ure</u>.
Ce que l'on conçoit bien s'énonce claire<u>ment</u>,
Et les mots pour le dire arrivent aisé<u>ment</u>.

Nicolas BOILEAU, *L'Art poétique* (1674).

◆ **Rimes croisées (ou alternées) :** Rimes qui s'entrecroisent (A B A B).

Ex. : Ô temps, suspends ton vol ! et vous, heures prop<u>ices</u>,
Suspendez votre c<u>ours</u> !
Laissez-nous savourer les rapides dél<u>ices</u>
Des plus beaux de nos j<u>ours</u> !

Alphonse de LAMARTINE, « Le lac », *Méditations poétiques* (1820).

◆ **Rimes embrassées :** Rimes plates insérées dans une autre rime (A B B A).

Ex. : Comme de longs échos qui de loin se conf<u>ondent</u>
Dans une ténébreuse et profonde uni<u>té</u>,
Vaste comme la nuit et comme la clar<u>té</u>,
Les parfums, les couleurs et les sons se rép<u>ondent</u>.

Charles BAUDELAIRE, « Correspondances », *Les Fleurs du mal* (1857).

La poésie à la Renaissance

Les poètes de la Pléiade, tels Joachim du Bellay et Pierre de Ronsard, renouent avec des formes antiques, mais s'inspirent aussi de poètes italiens comme Pétrarque, inventeur du sonnet. Pour donner de l'ampleur à la langue française, ils l'enrichissent d'emprunts et de néologismes. Leur art accorde aussi une grande importance au travail sur la rime, qu'ils veulent riche, naturelle et élégante.

Exemple

«Je n'ai plus que les os...», *Derniers vers* **(1586), Pierre de Ronsard (1524-1585)**

> Je n'ai plus que les os, un squelette je semble,
> Décharné, dénervé, démusclé, dépoulpé,
> Que le trait de la mort sans pardon a frappé ;
> Je n'ose voir mes bras que de peur je ne tremble.
>
> Apollon et son fils, deux grands maîtres ensemble,
> Ne me sauraient guérir, leur métier m'a trompé.
> Adieu, plaisant soleil, mon œil est étoupé,
> Mon corps s'en va descendre où tout se désassemble.
>
> Quel ami me voyant en ce point dépouillé
> Ne remporte au logis un œil triste et mouillé,
> Me consolant au lit et me baisant la face,
>
> En essuyant mes yeux par la mort endormis ?
> Adieu, chers compagnons, adieu, mes chers amis,
> Je m'en vais le premier vous préparer la place.

Observations

La structure respecte les contraintes du **sonnet** : 14 vers répartis en deux quatrains et deux tercets qui adoptent la combinaison rimique A B B A A B B A C C D E E D (ou A B B A A B B A C C D E D E) et dont le dernier vers constitue souvent une chute qui met l'accent sur un aspect du poème et donne sens à l'ensemble.

Ronsard respecte aussi les contraintes qu'il s'est imposées pour mieux travailler la langue : alternance de rimes féminines et masculines, rimes riches (*em/b/l*, *s/em/b/l*, *ou/il/lé*) et alexandrins, qui contribuent à créer un **rythme** régulier et des **sonorités** riches. Sa volonté d'enrichir le vocabulaire est marquée par l'emploi de néologismes créés avec le préfixe privatif -*dé* (*démusclé, dépoulpé*).

L'inspiration de l'Antiquité se note par l'allusion aux dieux grecs (*Apollon et son fils* Esculape, dieu de la médecine).

Fil thématique de la mort

Le locuteur décrit sa propre agonie tout en faisant ses adieux à ses proches, ce qui contribue au lyrisme du sonnet. La décrépitude physique suscite également la pitié du lecteur. La chute du poème apporte toutefois une lueur d'espoir, puisque la mort est présentée comme un voyage de l'âme, laquelle sera rejointe tôt ou tard par celle des amis.

La poésie romantique

Au début du XIXe siècle, dans ses préfaces successives du recueil *Odes et Ballades*, Victor Hugo tente de définir la poésie française romantique, en réaction à la poésie classique, qui était fondée sur le respect de règles qu'il juge trop contraignantes. La poésie romantique rejette donc les règles et cherche une expression individuelle, libre, inspirée par la beauté de la nature et guidée par la vérité de l'âme et du cœur. Les élans du moi y dominent. Malgré la recherche de formes nouvelles, elle s'inspire parfois des Anciens, notamment avec l'**ode**, un poème lyrique le plus souvent constitué de strophes symétriques. Elle trouve toutefois son expression propre dans ses références à l'histoire, à la religion, aux mœurs de l'époque et du pays (la couleur locale).

Exemple

« L'automne », *Méditations poétiques* **(1820), Alphonse de Lamartine (1790-1869)**

Salut, bois couronnés d'un reste de verdure !
Feuillages jaunissants sur les gazons épars !
Salut, derniers beaux jours ! Le deuil de la nature
Convient à la douleur et plaît à mes regards.

Je suis d'un pas rêveur le sentier solitaire ;
J'aime à revoir encor, pour la dernière fois,
Ce soleil pâlissant, dont la faible lumière
Perce à peine à mes pieds l'obscurité des bois.

Oui, dans ces jours d'automne où la nature expire,
À ses regards voilés je trouve plus d'attraits :
C'est l'adieu d'un ami, c'est le dernier sourire
Des lèvres que la mort va fermer pour jamais.

Ainsi, prêt à quitter l'horizon de la vie,
Pleurant de mes longs jours l'espoir évanoui,
Je me retourne encore, et d'un regard d'envie
Je contemple ses biens dont je n'ai pas joui.

Terre, soleil, vallons, belle et douce nature,
Je vous dois une larme aux bords de mon tombeau !
L'air est si parfumé ! la lumière est si pure !
Aux regards d'un mourant le soleil est si beau !

Je voudrais maintenant vider jusqu'à la lie
Ce calice mêlé de nectar et de fiel :
Au fond de cette coupe où je buvais la vie,
Peut-être restait-il une goutte de miel !

Peut-être l'avenir me gardait-il encore
Un retour de bonheur dont l'espoir est perdu !
Peut-être, dans la foule, une âme que j'ignore
Aurait compris mon âme, et m'aurait répondu !...

La fleur tombe en livrant ses parfums au zéphire ;
À la vie, au soleil, ce sont là ses adieux :
Moi, je meurs ; et mon âme, au moment qu'elle expire
S'exhale comme un son triste et mélodieux.

La structure de ce poème s'inspire de celle de l'ode : il est composé de huit quatrains constitués d'alexandrins classiques. Le **rythme** d'ensemble est donc régulier, mais la syntaxe suit les mouvements de l'âme : il y a beaucoup d'exclamations et de questionnements, une suspension et de nombreux compléments qui entraînent le lecteur dans les méandres des pensées et des sentiments du poète. Ainsi, la longueur relative du poème (32 vers, au lieu des 14 vers d'un sonnet, par exemple) marque la tendance des romantiques aux longs épanchements lyriques plutôt qu'à la concision.

Il y a présence de rimes croisées, mais elles ne sont que suffisantes et font appel à une large variété de **sonorités**, la richesse de la rime ne constituant pas un idéal de l'écriture romantique.

Le poète s'adresse à la nature, miroir de ses états d'âme, en lui confiant ce qu'il ressent. L'omniprésence de la première personne du singulier confirme l'importance de la subjectivité, des élans du moi. Le **vocabulaire** et les **images**, intimement liés à la nature majestueuse et au vaste champ lexical des émotions, témoignent de l'harmonie entre le locuteur et cette nature qui expire.

Fil thématique de la mort

Le thème de la mort est traité de manière lyrique grâce à l'introspection du promeneur solitaire en proie au mal du siècle. Il exprime avec une grande délicatesse et une fine sensibilité les dernières manifestations de l'âme. Le rapport de symbiose entre le locuteur mélancolique et la nature en déclin atténue le caractère tragique de la mort, qui est perçue comme une étape naturelle du cycle de la vie et non comme une impasse.

La poésie symboliste

Dans son *Manifeste du symbolisme* (1886), Jean Moréas explique que l'écriture plus libre des poètes symbolistes nécessite de la part du poète une imagination et une oreille musicale développées : alexandrins à arrêts multiples et mobiles (césure placée après n'importe quelle syllabe), emploi des rimes féminines et masculines sans respect de la règle d'alternance, aucune esthétique préétablie pour l'emploi des figures de style. Par-dessus tout, les symbolistes cherchent à exprimer une idée qui se cache derrière le monde concret et qui n'est perceptible que pour les initiés, ce qui déstabilise souvent le lecteur. Les poèmes symbolistes sont écrits en vers mais aussi en prose. Le **poème en prose** (forme de poésie résolument moderne née dans la deuxième moitié du XIXe siècle, qu'ont explorée plusieurs auteurs, comme Charles Baudelaire, Arthur Rimbaud et Stéphane Mallarmé) abandonne le découpage en vers et en strophes, mais continue d'accorder une importance particulière au rythme, aux sonorités et aux images, ce qui préserve son caractère poétique.

Exemple

« Laquelle est la vraie ? », *Petits poèmes en prose – Le Spleen de Paris* (1869), Charles Baudelaire (1821-1867)

J'ai connu une certaine Bénédicta, qui remplissait l'atmosphère d'idéal, et dont les yeux répandaient le désir de la grandeur, de la beauté, de la gloire et de tout ce qui fait croire à l'immortalité.

Mais cette fille miraculeuse était trop belle pour vivre longtemps ; aussi est-elle morte quelques jours après que j'eus fait sa connaissance, et c'est moi-même qui l'ai enterrée, un jour que le printemps agitait son encensoir jusque dans les cimetières. C'est moi qui l'ai enterrée, bien close dans une bière d'un bois parfumé et incorruptible comme les coffres de l'Inde.

Et comme mes yeux restaient fichés sur le lieu où était enfoui mon trésor, je vis subitement une petite personne qui ressemblait singulièrement à la défunte, et qui, piétinant sur la terre fraîche avec une violence hystérique et bizarre, disait en éclatant de rire : « C'est moi, la vraie Bénédicta ! C'est moi, une fameuse canaille ! Et pour la punition de ta folie et de ton aveuglement, tu m'aimeras telle que je suis ! »

Mais moi, furieux, j'ai répondu : « Non ! non ! non ! » Et pour mieux accentuer mon refus, j'ai frappé si violemment la terre du pied que ma jambe s'est enfoncée jusqu'au genou dans la sépulture récente, et que, comme un loup pris au piège, je reste attaché, pour toujours peut-être, à la fosse de l'idéal.

Sur le plan de la structure, le découpage en quatre paragraphes de longueur variable est marqué par la densité du propos. L'important ici n'est pas l'histoire racontée, mais la portée allégorique de la chute : le piège de la quête d'idéal.

Le **rythme** est marqué par la longueur des segments à l'intérieur des phrases, comme au premier paragraphe, où un rythme saccadé (*de la grandeur*, *de la beauté*, *de la gloire*) est suivi d'un rythme rapide et continu (*de tout ce qui fait croire à l'immortalité*). La **musicalité** passe par des rimes internes (*gloire* et *croire*) et par le choix des sonorités, comme au deuxième paragraphe, avec l'emploi contrasté de consonnes douces (*b, m, n, f, z, l, r*) et de consonnes dures (*p, t, k*) dans une même phrase (*bien close dans une bière d'un bois parfumé et incorruptible comme les coffres de l'Inde*).

Le **vocabulaire** marque la tension entre l'élévation (*grandeur, beauté, gloire, immortalité*) et la bassesse (*petite personne, canaille*), entre l'idéal et la médiocrité, thèmes chers à Baudelaire et à ses successeurs.

Fil thématique de la mort

La mort, telle qu'elle est représentée dans ce poème, n'est pas une fin en soi : elle sert d'**image** allégorique pour montrer le caractère illusoire et inaccessible de la quête d'idéal. La mort de Bénédicta amène le lecteur à réfléchir aux notions du monde visible et du monde invisible, du vrai et du faux, au caractère sublime de ce qui est invisible mais tout de même perceptible pour qui sait voir au-delà des apparences.

Précurseur de la poésie surréaliste, Guillaume Apollinaire a laissé sa trace entre autres avec ses calligrammes, poèmes dont la disposition en représente le contenu. Les calligrammes sont des œuvres à la fois littéraires et visuelles, véritables jeux graphiques avec les mots.

Exemple

« La colombe poignardée et le jet d'eau », *Calligrammes* (1918),
Guillaume Apollinaire (1880-1918)

La colombe poignardée et le jet d'eau

Douces figures poignardées chères lèvres fleuries
Mia Mareye
Yette Lorie
Annie et toi Marie
Où êtes-vous ô jeunes filles
Mais près d'un jet d'eau qui pleure et qui prie
Cette colombe s'extasie
Tous les souvenirs de naguère
Ô mes amis partis en guerre
Jaillissent vers le firmament
Et vos regards en l'eau dormant
Meurent mélancoliquement
Où sont-ils Braque et Max Jacob
Derain aux yeux gris comme l'aube
Où sont Raynal Billy Dalize
Dont les noms se mélancolisent
Comme des pas dans une église
Où est Cremnitz qui s'engagea
Peut-être sont-ils morts déjà
De souvenirs mon âme est pleine
Le jet d'eau pleure sur ma peine.
Ceux qui sont partis à la guerre
au Nord se battent maintenant
Le soir tombe Ô sanglante mer
Jardins où saigne abondamment
le laurier rose fleur guerrière.

La structure du calligramme échappe à la logique graphique traditionnelle : la longueur des vers est très variable et les rimes (suffisantes ou pauvres) sont disposées librement. Le travail sur la langue repose ici davantage sur la disposition des vers, qui deviennent un objet visuel en soi, ce qui donne une dimension supplémentaire au texte. En effet, le propos du poème ressort par le caractère allégorique de l'**image** créée : la colombe, symbole de paix et d'amour, est une victime de la violence ; le jet d'eau peut représenter la source d'où jaillissent les souvenirs du poète, les larmes qu'il verse à la pensée des amis dont il est séparé, voire le sang des victimes de la guerre…

Le **rythme** créé par l'énumération des disparus et par la répétition de *Où sont…* préfigure les inventaires surréalistes, ces longues énumérations d'éléments souvent hétéroclites. Le martèlement du nom des amis perdus comme une scansion funèbre confère une dimension plus touchante et personnelle aux ravages de la guerre. Les jeux de **sonorité**, bien que placés de manière irrégulière, ajoutent également à l'harmonie d'ensemble. Notons, par exemple, l'assonance en *en*, qui renforce le caractère plaintif du propos.

Le contraste entre la simplicité de la représentation visuelle et la complexité des **images**, qui relèvent du symbole, de la métaphore et de la métonymie, rend ce poème à la fois léger et déroutant.

Fil thématique de la mort

Par l'image de la mort de la colombe, le poème exprime une réflexion sur la paix qui n'est plus. Toutefois, le poète ne cherche pas à émouvoir, mais plutôt à amener le lecteur à partager son questionnement sur les conséquences tragiques de la guerre. Ainsi, le grand point d'interrogation placé au milieu du jet d'eau prend tout son sens.

La poésie surréaliste

Les poètes surréalistes, tels André Breton, Paul Éluard et Louis Aragon, tentent, au début du XXᵉ siècle, de libérer l'imaginaire de l'emprise de la raison. Leur poésie n'est plus le fruit d'une méthode organisée et rationnelle, mais une impulsion qui révèle les mystères de l'inconscient, d'où un foisonnement d'images insolites desquelles émane une nouvelle conception de la beauté qui plonge le lecteur dans un univers onirique.

Exemple

« Notre vie », *Le Temps déborde* (1947), Paul Éluard (1895-1952)

Notre vie tu l'as faite elle est ensevelie
Aurore d'une ville un beau matin de mai
Sur laquelle la terre a refermé son poing
Aurore en moi dix-sept années toujours plus claires
Et la mort entre en moi comme dans un moulin

Notre vie disais-tu si contente de vivre
Et de donner la vie à ce que nous aimions
Mais la mort a rompu l'équilibre du temps
La mort qui vient la mort qui va la mort vécue
La mort visible boit et mange à mes dépens

Morte visible Nusch invisible et plus dure
Que la faim et la soif à mon corps épuisé
Masque de neige sur la terre et sous la terre
Source des larmes dans la nuit masque d'aveugle
Mon passé se dissout je fais place au silence.

Observations

Il n'y a pas de structure surréaliste prédéfinie. Dans ce poème, la composition d'ensemble est libre mais non innovatrice. Les alexandrins ne sont pas rimés et sont découpés de manière irrégulière. Les phrases ne sont pas ponctuées (sauf pour le point final), comme si la pensée exprimée suivait son cours naturel, sans interruption, dans le style de l'écriture automatique, chère aux surréalistes.

La musicalité du poème est créée par les pauses liées au découpage du vers qui dicte le **rythme**, par les anaphores et par les jeux de **sonorité** tels que l'alliération en s du dernier vers, qui fait écho au chuchotement du locuteur plongeant dans le mutisme. Le caractère surréaliste du poème provient également de la juxtaposition des phrases, qui fait passer le lecteur d'une avenue à une autre sans lien apparent, et des images inusitées, souvent difficiles à déchiffrer, comme le sont les **images** de l'inconscient perçues dans les rêves.

Fil thématique de la mort

Le thème de la mort permet au poète de témoigner de l'amour fusionnel qu'il a vécu avec sa femme, puisque la mort de celle qu'il aimait engendre la sienne.

La poésie québécoise intimiste

Au milieu du xxᵉ siècle, la poésie québécoise cherche à se détacher de la poésie tradi-tionnelle, formelle et convenue en adoptant une écriture simple, qui laisse place à l'introspection et aux vers libres. Alain Grandbois, Anne Hébert et Hector de Saint-Denys Garneau témoignent de cette exploration d'un paysage intérieur tourmenté.

Exemple

« Cage d'oiseau », *Regards et jeux dans l'espace* (1937), **Hector de Saint-Denys Garneau (1912-1943)**

Je suis une cage d'oiseau
Une cage d'os
Avec un oiseau

L'oiseau dans sa cage d'os
C'est la mort qui fait son nid

Lorsque rien n'arrive
On entend froisser ses ailes

Et quand on a ri beaucoup
Si l'on cesse tout à coup
On l'entend qui roucoule
Au fond
Comme un grelot

C'est un oiseau tenu captif
La mort dans ma cage d'os

Voudrait-il pas s'envoler
Est-ce vous qui le retiendrez
Est-ce moi
Qu'est-ce que c'est

Il ne pourra s'en aller
Qu'après avoir tout mangé
Mon cœur
La source du sang
Avec la vie dedans

Il aura mon âme au bec.

Observations

Sur le plan formel, le poème est marqué par le minimalisme et la retenue. La structure est composée de huit strophes de vers libres, de longueur irrégulière, non ponctués, peu rimés. La longueur de chaque strophe est dictée par celle d'une phrase, à l'exception de la sixième, où s'accumulent trois interrogations. Le **rythme** est intimement lié au souffle de chacune des phrases.

Le **vocabulaire** employé donne au poème l'allure d'une confidence personnelle, exprimée dans un langage de tous les jours. Le locuteur présente sa condition de manière descriptive, sans vocabulaire affectif, avec détachement.

Paradoxalement, ce dénuement rythmique et stylistique laisse place à une pro-fonde complexité, puisque les **images** déroutantes indiquent que le locuteur est à la fois bourreau et victime de la mort.

Fil thématique de la mort

La mort est ici représentée par un oiseau en cage qui ne pourra retrouver sa liberté qu'après avoir dévoré le cœur et le sang du poète. Le poète est profondément et irré-médiablement habité par la mort, qui le ronge de l'intérieur. La lutte perdue d'avance est donc présentée avec résignation et défaitisme.

Dans les années 1960, au Québec, l'expression de l'aliénation individuelle fait place à un militantisme collectif, mené entre autres par Gaston Miron. La quête identitaire passe désormais par l'émancipation nationale et la nécessité de nommer le pays, de l'habiter par les mots. L'écriture, libre, est novatrice et expérimentale.

Exemple

Extrait de « Suite fraternelle », *Parti pris* (1963), Jacques Brault (1933-)

[...]

Voici qu'un peuple apprend à se mettre
    debout
Debout et tourné vers la magie du pôle
    debout entre trois océans
Debout face aux chacals de l'histoire face
    aux pygmées de la peur
Un peuple aux genoux cagneux aux mains
    noueuses tant il a rampé dans la honte
Un peuple ivre de vents et de femmes
    s'essaie à sa nouveauté

L'herbe pousse sur ta tombe Gilles et le sable
    remue
Et la mer n'est pas loin qui répond au ressac
    de ta mort

Tu vis en nous et plus sûrement qu'en toi
    seul
Là où tu es nous serons
    tu nous ouvres le chemin

Je crois Gilles je crois que tu vas renaître
    tu es mes camarades au poing dur à la
    paume douce tu es notre secrète
    naissance au bonheur de nous-mêmes
    tu es l'enfant que je modèle dans l'amour
    de ma femme tu es la promesse qui
    gonfle les collines de mon pays ma
    femme ma patrie étendue au flanc de
    l'Amérique

Observations

Ce poème au souffle épique comporte environ 200 vers disposés très librement. Chaque strophe correspond à l'expression d'une idée, et le nombre de vers qu'elle contient varie selon l'étendue de ce qui doit être exprimé. Le découpage des phrases en vers répond au **rythme** que le poète cherche à créer et à la mise en évidence de mots sur lesquels il veut insister (*debout, peur, tu*). Dans la dernière strophe, l'anaphore *tu es* a pour effet d'amplifier la force de l'expression et de gonfler la détermination collective à se mettre au monde, et témoigne de l'enthousiasme du poète face à l'avenir.

Le **vocabulaire** est indéniablement lié à la patrie. La répétition des mots *peuple* et *debout* martèle l'idée de l'affirmation nationale.

Fil thématique de la mort

Le poète se fait ici le porte-parole d'une nation en pleine émancipation. La mort, ou plutôt la renaissance de son frère Gilles, est une image allégorique du destin du peuple québécois. La mort n'est donc pas présentée de manière uniquement tragique, puisqu'elle porte en elle le germe d'un avenir prometteur.

Les caractéristiques principales

L'écriture narrative est fondée sur le récit : le fait de raconter une histoire. Elle se compose de deux éléments fondamentaux : l'**histoire** (ce qui est raconté, c'est-à-dire une succession d'actions impliquant des **personnages** dans un **temps** et un **lieu** donnés) et la **narration** (la manière de raconter l'histoire, déterminée par le **type de narrateur**, la **focalisation**, le **moment**, la **vitesse de la narration** et l'**ordre des événements**)[1].

Les œuvres narratives sont caractérisées par une grande liberté formelle. Elles peuvent être écrites en vers ou en prose, être brèves ou longues, etc. De plus, leur rapport au réel peut varier. Certains récits, comme le conte merveilleux, sont explicitement fictifs, alors que d'autres, comme les mémoires et l'autobiographie, prétendent représenter fidèlement la réalité.

Un bref aperçu historique

L'écriture narrative trouve son origine dans l'épopée antique (*L'Iliade* et *L'Odyssée* d'Homère). L'épopée, genre noble, raconte les exploits de héros plus grands que nature. Les premières œuvres narratives de la littérature française prennent la forme de **poème épique** et de **chanson de geste**, récit versifié qui relate les prouesses guerrières de chevaliers légendaires (*La Chanson de Roland*, fin du XIe siècle). Comme l'épopée, la chanson de geste est issue de la tradition orale avant d'être fixée à l'écrit, d'où de nombreuses marques d'oralité visant à faciliter le travail de mémorisation des récitants.

Le terme *roman* apparaît seulement au XIIe siècle. Il désigne à l'origine un récit en langue romane, ancêtre du français. Les premiers romans français sont écrits en vers (*Lancelot* et *Yvain* de Chrétien de Troyes) mais, dès le XVIe siècle, ils deviennent intimement liés à une intrigue d'une certaine ampleur écrite en prose (*Gargantua* de François Rabelais). Jusqu'au XIXe siècle, le **roman** est généralement considéré comme un genre mineur destiné à un lectorat principalement féminin. Ce sont les romantiques (Victor Hugo, notamment), les réalistes (Honoré de Balzac et Gustave Flaubert) et les naturalistes (tel Émile Zola) qui lui donnent la place prédominante qu'on lui connaît aujourd'hui dans le champ littéraire. Le roman a longtemps échappé à une codification contraignante, ce qui lui a permis de prendre diverses formes au fil du temps : roman sentimental, épistolaire, historique, d'aventures, policier, pour ne nommer que celles-là.

L'écriture narrative se présente aussi dans une multitude de sous-genres plus courts : la **fable** (récit en vers ou en prose illustrant une morale), le **conte** (récit fictif destiné à divertir ou à faire réfléchir) ou la **nouvelle** (récit centré sur une intrigue unique et mettant en scène peu de personnages). Ces multiples déclinaisons de l'écriture narrative en font, encore aujourd'hui, toute sa richesse.

---

1. Voir le chapitre 6 – Procédés d'organisation du discours : le discours narratif.

Le roman de chevalerie

Inspiré des légendes celtiques de Bretagne (le roi Arthur, les chevaliers de la Table ronde, le Graal, etc.), le roman de chevalerie est une œuvre narrative rédigée en vers et destinée à l'origine à être lue à haute voix. Grand représentant du genre au XIIe siècle, Chrétien de Troyes fait alterner dans ses récits les prouesses épiques de la chanson de geste (la forme médiévale de l'épopée) et les scènes lyriques du roman courtois, suscitant ainsi autant l'intérêt de la gent masculine que féminine. En plus de divertir son public, l'auteur cherche à donner une fonction didactique à son récit en faisant du héros un idéal de vertu chevaleresque.

Exemple

Extrait de *Yvain ou le Chevalier au lion*[1] (1177), Chrétien de Troyes (vers 1135-1183)

Yvain, preux chevalier de la Table ronde, a réussi à venger son cousin Calogrenant en affrontant le chevalier de la fontaine magique. Grâce à un anneau d'invisibilité, il assiste à l'enterrement de son ennemi et aperçoit alors la veuve éplorée, Laudine de Landuc, dont il tombe aussitôt amoureux. Celle-ci, ayant de nouveau besoin d'un protecteur, accepte finalement de rencontrer le héros.

> Monseigneur Yvain est encore
> à la fenêtre d'où il la regarde ;
> Et plus il l'observe,
> plus il l'aime et plus elle lui plaît.
> Ses pleurs et sa lecture,
> il aurait bien voulu qu'elle les eût abandonnés,
> et qu'elle prît plaisir à lui parler.
> C'est Amour qui lui a inspiré ce désir,
> lui qui l'a saisi à la fenêtre.
> Mais son désir le désespère,
> car il ne peut imaginer ni croire
> qu'il puisse se réaliser.
> « Je dois me tenir pour fou, dit-il,
> quand je désire ce que je n'aurai jamais.
> Je lui ai blessé son seigneur à mort,
> et je m'imagine que je vais faire la paix avec elle !
> Par ma foi, cet espoir n'est pas très sage,
> car elle me hait plus en ce moment qu'aucune créature, et c'est bien son droit. [...]
> Puisse Dieu lui accorder de changer d'ici peu,
> car il me faut demeurer sous son autorité
> à tout jamais puisque Amour le veut. [...] »
> [...]
> Monseigneur Yvain joint aussitôt
> les mains, et il se met à genoux ;
> puis il lui dit, comme un ami véritable :
> « Ma dame, jamais, en vérité, je n'implorerai
> votre merci ; je vous remercierai en revanche

---

1. Traduction par David F. Hult, Paris, Librairie Générale Française, Le Livre de Poche, coll. « Lettres gothiques », 1994, p. 135-141.

de tout ce que vous voudrez faire pour moi,
car rien ne me pourrait déplaire. [...]
C'est mon cœur qui m'a mis en ce désir. [...]
D'une manière telle qu'il ne peut y avoir de plus grand amour,
telle que mon cœur ne vous quitte pas
et que jamais je ne le trouve ailleurs qu'auprès de vous ;
telle que je ne peux pas penser à autre chose ;
telle que je me donne à vous entièrement ;
telle que je vous aime plus que moi ;
telle que pour vous, et sans arrière-pensée,
je veux, selon votre gré, vivre ou mourir. »

Observations

Ce roman de chevalerie contenait, dans sa version originale, plus de 6800 vers structurés en rimes suivies, ce qui facilitait le travail de mémorisation des jongleurs qui en faisaient le récit. L'emploi du discours direct permettait au poète de varier ses intonations et ainsi de captiver ses spectateurs.

Grâce à la **focalisation** interne (extraits soulignés) et à une **vitesse de narration** réelle (ce que permet le discours direct), l'auteur ébauche la psychologie du **personnage** en détaillant ses tourments amoureux. L'amour personnifié montre d'ailleurs l'emprise des sentiments sur le protagoniste. Assujetti à ses passions, le héros incarne le chevalier courtois par excellence, puisqu'il se soumet entière-ment aux désirs de sa dame tout en lui témoignant une loyauté exemplaire, lui promettant de *vivre ou de mourir* pour elle.

Le **cadre spatiotemporel** plonge le lecteur dans un univers merveilleux. Or, ce cadre féerique permet à l'auteur de représenter les valeurs de la société féodale de son époque, notamment les liens de vassalité (de dépendance) qui existent entre les plus faibles (Laudine de Landuc) et les plus forts (Yvain), permettant aux premiers de protéger leurs biens (la fontaine magique).

Fil thématique de la rencontre amoureuse

La rencontre amoureuse a lieu à la suite d'un épisode épique. La scène courtoise est donc possible grâce aux valeurs chevaleresques (force, courage, vaillance) dont a fait preuve le héros, qui s'est montré digne de sa dame. Le récit met en lumière les vertus de l'amour, qui récompense le dépassement de soi.

La fable classique

La fable est un récit bref généralement en vers, sans structure fixe et destiné à illustrer une morale. Chez les classiques, le plus grand représentant est sans contredit Jean de La Fontaine qui, inspiré des Anciens, tel Ésope (620-560 av. J.-C.), tente de donner une portée universelle à ses propos. Malgré le rythme et la musicalité des vers, la fable n'est pas un poème. Son but est de raconter une histoire dans une perspective didactique, mais également critique. Ainsi, pour se mettre à l'abri de la censure, La Fontaine utilise fréquemment les animaux afin de présenter les grands traits de la nature humaine.

Exemple

Extrait du « Lion amoureux », Fables (1668-1693), Jean de La Fontaine (1621-1695)

[...]
Pourriez-vous être favorable
Aux jeux innocents d'une fable,
Et voir, sans vous épouvanter,
Un lion qu'Amour sut dompter ?
Amour est un étrange maître !
Heureux qui peut ne le connaître
Que par récit, lui ni ses coups !
[...]
Du temps que les bêtes parlaient,
Les lions entre autres voulaient
Être admis dans notre alliance.
Pourquoi non ? puisque leur engeance
Valait la nôtre en ce temps-là,
Ayant courage, intelligence,
Et belle hure outre cela.
Voici comment il en alla :

Un lion de haut parentage,
En passant par un certain pré,
Rencontra bergère à son gré :
Il la demande en mariage.
Le père aurait fort souhaité
Quelque gendre un peu moins terrible.
La donner lui semblait bien dur ;
La refuser n'était pas sûr ;
Même un refus eût fait possible
Qu'on eût vu quelque beau matin
Un mariage clandestin.
Car outre qu'en toute manière
La belle était pour les gens fiers,
Fille se coiffe volontiers
D'amoureux à longue crinière.
Le père donc ouvertement
N'osant renvoyer notre amant,
Lui dit : « Ma fille est délicate ;

Vos griffes la pourront blesser
Quand vous voudrez la caresser.
Permettez donc qu'à chaque patte
On vous les rogne, et pour les dents,
Qu'on vous les lime en même temps.
Vos baisers en seront moins rudes,
Et pour vous plus délicieux ;
Car ma fille y répondra mieux,
Étant sans ces inquiétudes. »
Le lion consent à cela,
Tant son âme était aveuglée !
Sans dents ni griffes le voilà,
Comme place démantelée.
On lâcha sur lui quelques chiens :
Il fit fort peu de résistance.

Amour, Amour, quand tu nous tiens
On peut bien dire : « Adieu prudence ! »

Observations

La fable, construite en octosyllabes, est divisée en trois parties : le préambule, qui présente le sujet de façon générale, l'histoire et la chute, qui expose la morale. Elle est construite de façon à mettre en évidence la leçon que le lecteur devrait retenir : l'amour rend aveugle et insouciant. Le **cadre spatiotemporel**, accessoire au propos, n'est donc pas précisé. L'**intrigue**, très brève, ne comporte que peu d'événements.

Les **personnages**, quant à eux, incarnent des archétypes importants : le lion, qui représente les grands de la société, symbolise la puissance, mais également la naïveté amoureuse puisqu'il est prêt à se départir de tous ses moyens de défense (*griffes* et *dents*) pour être avec celle qu'il a choisie. La bergère évoque cette tendance toute féminine à être attirée par une alliance de prestige (un *amoureux à longue crinière*). De son côté, le père incarne la prudence et la ruse. Le discours direct témoigne d'ailleurs de son habileté à manipuler le lion. L'intérêt de l'histoire réside donc dans la portée allégorique du propos.

La **focalisation** omnisciente (extraits soulignés) permet de montrer au lecteur l'attrait entre le lion et la bergère, mais surtout les motifs qui incitent le père à exiger autant de concessions de la part du lion.

Fil thématique de la rencontre amoureuse

La rencontre amoureuse est présentée de manière factuelle et concise grâce à une **vitesse de narration** accélérée dès le début de l'intrigue. Ce qui importe, ce ne sont pas tant les événements entourant la rencontre que ce qui en découle : les exigences d'un père astucieux qui abuse de l'aveuglement de son futur gendre et qui prouve au lecteur que l'intelligence est supérieure à la force physique.

Le conte philosophique

Le conte philosophique, en vogue au XVIIIe siècle, emprunte des éléments au conte merveilleux (en mettant en scène notamment des personnages invincibles dans un univers manichéen), mais il s'en distingue par sa fonction contestataire et un ton parodique. Sous une apparence de simplicité et de naïveté, les contes des philosophes des Lumières, comme Voltaire, font réfléchir sur des thèmes graves et invitent le lecteur à user de sa raison pour se forger un esprit critique et vaincre ses préjugés.

Exemple

Extrait de *Candide* (1759), Voltaire (1694-1778)

Cet extrait présente la première et la dernière partie du chapitre premier. Pour le héros, cet épisode constitue la première d'une longue série d'épreuves, qui devraient amener le lecteur à remettre en question la théorie de l'optimisme défendue entre autres par le philosophe allemand G. W. Leibniz (1646-1716).

Il y avait en Westphalie, dans le château de monsieur le baron de Thunder-ten-tronckh, un jeune garçon à qui la nature avait donné les moeurs les plus douces. Sa physionomie annonçait son âme. Il avait le jugement assez droit, avec l'esprit le plus simple ; c'est, je crois, pour cette raison qu'on le nommait Candide. [...]

Monsieur le baron était un des plus puissants seigneurs de la Westphalie, car son château avait une porte et des fenêtres. Sa grande salle même était ornée d'une tapisserie. [...]

Madame la baronne, qui pesait environ trois cent cinquante livres, s'attirait par là une très grande considération, et faisait les honneurs de la maison avec une dignité qui la rendait encore plus respectable. Sa fille Cunégonde, âgée de dix-sept ans, était haute en couleur, fraîche, grasse, appétissante. Le fils du baron paraissait en tout digne de son père. Le précepteur Pangloss était l'oracle de la maison, et le petit Candide écoutait ses leçons avec toute la bonne foi de son âge et de son caractère.

Pangloss enseignait la métaphysico-théologo-cosmolonigologie. Il prouvait admirablement qu'il n'y a point d'effet sans cause, et que, dans ce meilleur des mondes possibles, le château de monseigneur le baron était le plus beau des châteaux et madame la meilleure des baronnes possibles. [...]

Un jour, Cunégonde, en se promenant auprès du château, [...] vit entre des broussailles le docteur Pangloss qui donnait une leçon de physique expérimentale à la femme de chambre de sa mère, petite brune très jolie et très docile. Comme mademoiselle Cunégonde avait beaucoup de disposition pour les sciences, elle observa, sans souffler, les expériences réitérées dont elle fut témoin ; elle vit clairement la raison suffisante du docteur, les effets et les causes, et s'en retourna tout agitée, toute pensive, toute remplie du désir d'être savante, songeant qu'elle pourrait bien être la raison suffisante du jeune Candide, qui pouvait aussi être la sienne.

Elle rencontra Candide en revenant au château, et rougit ; Candide rougit aussi. [...] Le lendemain, [...] Cunégonde et Candide se trouvèrent derrière un paravent ; Cunégonde laissa tomber son mouchoir, Candide le ramassa, elle lui prit innocemment la main, le jeune homme baisa innocemment la main de la jeune demoiselle avec une vivacité, une sensibilité, une grâce toute particulière ; leurs bouches se rencontrèrent, leurs yeux s'enflammèrent, leurs genoux tremblèrent, leurs mains s'égarèrent. Monsieur le baron de Thunder-ten-tronckh passa auprès du paravent, et, voyant cette cause et cet effet, chassa Candide du château à grands coups de pied dans le derrière ; Cunégonde s'évanouit ; elle fut souffletée par madame la baronne dès qu'elle fut revenue à elle-même ; et tout fut consterné dans le plus beau et le plus agréable des châteaux possibles.

Observations

L'**intrigue** suit la structure conventionnelle du conte : un début léger (*Il y avait en Westphalie...*), un **lieu** enchanteur (un *château*), un **cadre temporel** indéterminé et une **narration chronologique**. Or le ton parodique est perceptible grâce au patronyme ridicule du *baron de Thunder-ten-tronckh*, aux répétitions de mots (*innocemment*) ou de sons (rencont<u>rèrent</u>, s'enflamm<u>èrent</u>, trembl<u>èrent</u>), au détournement du jargon scientifique dans une perspective grivoise (*physique expérimentale*, *cette cause et cet effet*) et à la dernière phrase du chapitre, qui met en lumière, de manière ironique, que la vie n'est pas aussi belle que ne le croyait Candide.

Les **personnages** sont stéréotypés. Candide, dont le nom atteste de son caractère, est présenté comme une victime innocente de l'intransigeance humaine. Cunégonde incarne l'élève modèle qui tente de mettre en application les leçons de son maître, le docteur Pangloss, mais qui se bute à la difficulté de mettre ses théories en pratique. Le baron et la baronne, de leur côté, incarnent l'étroitesse d'esprit des aristocrates.

Fil thématique de la rencontre amoureuse

Sous des dehors de légèreté, la rencontre amoureuse permet à l'auteur d'illustrer sa thèse, c'est-à-dire que, contrairement à ce qu'affirment les adeptes de la théorie de l'optimisme (représentés par le docteur Pangloss), le mal et la bêtise humaine sont partout et se manifestent de différentes façons, notamment par le caractère impitoyable d'un père qui chasse brutalement le prétendant de sa fille.

Le roman épistolaire

Le roman épistolaire est une œuvre narrative rédigée sous forme de lettres. Très populaire aux XVIIe et XVIIIe siècles, notamment grâce à Gabriel de Guilleragues, Montesquieu, Jean-Jacques Rousseau et Pierre Choderlos de Laclos, le roman épistolaire est généralement structuré en trois parties : l'avant-propos, qui présente les intentions de l'éditeur de la prétendue correspondance, le corps du récit composé des lettres (qui peuvent être annotées) et la postface de l'éditeur ou d'un commentateur, le tout visant à donner un caractère vraisemblable à l'intrigue.

Exemple

Extrait des *Liaisons dangereuses* (1782), Pierre Choderlos de Laclos (1741-1803)

Ce récit comporte 175 lettres rédigées par différents personnages qui correspondent entre eux. Dans cet extrait de la quatrième lettre, le Vicomte de Valmont écrit à la Marquise de Merteuil. En réponse à la Marquise, qui lui demande de lui prêter assistance dans ses projets (la venger d'un ancien amant en séduisant sa future épouse), le Vicomte lui explique qu'il n'est pas disposé à l'aider pour le moment, puisqu'il se consacre déjà à une nouvelle conquête.

> [...] Dépositaire de tous les secrets de mon cœur, je vais vous confier le plus grand projet qu'un conquérant ait jamais pu former. Que me proposez-vous ? de séduire une jeune fille qui n'a rien vu, ne connaît rien ; qui, pour ainsi dire, me serait livrée sans défense ; qu'un premier hommage ne manquera pas d'enivrer, et que la curiosité mènera peut-être plus vite que l'amour. Vingt autres peuvent y réussir comme moi. Il n'en est pas ainsi de l'entreprise qui m'occupe ; son succès m'assure autant de gloire que de plaisir. L'amour qui prépare ma couronne hésite lui-même entre le myrte et le laurier, ou plutôt il les réunira pour honorer mon triomphe. Vous-même, ma belle amie, vous serez saisie d'un saint respect, et vous direz avec enthousiasme : « Voilà l'homme selon mon cœur. »
>
> Vous connaissez la Présidente Tourvel, sa dévotion, son amour conjugal, ses principes austères. Voilà ce que j'attaque ; voilà l'ennemi digne de moi ; voilà le but où je prétends atteindre. [...]
>
> Vous saurez donc que le Président est en Bourgogne, à la suite d'un grand procès (j'espère lui en faire perdre un plus important). Son inconsolable moitié doit passer ici tout le temps de cet affligeant veuvage. Une messe chaque jour, quelques visites aux Pauvres du canton, des prières du matin et du soir, des promenades solitaires, de pieux entretiens avec ma vieille tante, et quelquefois un triste Wisk ; devaient être ses seules distractions. Je lui en prépare de plus efficaces. [...] Heureusement il faut être quatre pour jouer au Wisk ; et, comme il n'y a ici que le Curé du lieu, mon éternelle tante m'a beaucoup pressé de lui sacrifier quelques jours. Vous devinez que j'ai consenti, vous n'imaginez pas combien elle me cajole depuis ce moment, combien surtout elle est édifiée de me voir régulièrement à ses prières et à sa Messe. Elle ne se doute pas de la Divinité que j'y adore.

Me voilà donc, depuis quatre jours, livré à une passion forte. Vous savez si je désire vivement, si je dévore les obstacles : mais ce que vous ignorez, c'est combien la solitude ajoute à l'ardeur du désir. Je n'ai plus qu'une idée ; j'y pense le jour, et j'y rêve la nuit. J'ai bien besoin d'avoir cette femme, pour me sauver du ridicule d'en être amoureux : car où ne mène pas un désir contrarié ? Ô délicieuse jouissance ! Je t'implore pour mon bonheur et surtout pour mon repos. Que nous sommes heureux que les femmes se défendent si mal ! nous ne serions auprès d'elles que de timides esclaves. J'ai dans ce moment un sentiment de reconnaissance pour les femmes faciles, qui m'amène naturellement à vos pieds. Je m'y prosterne pour obtenir mon pardon, et j'y finis cette trop longue lettre. Adieu, ma très belle amie : sans rancune.

Du Château de..., 5 août 17**

Observations

La forme épistolaire crée un effet de réel, perceptible grâce aux différents styles d'écriture des personnages. De plus, elle donne l'impression que le lecteur, en lisant le courrier d'autrui, s'immisce de manière presque illicite dans l'intimité des personnages, qui parlent de conquêtes amoureuses clandestines. Ainsi, le **narrateur** devient complètement effacé, puisque les protagonistes eux-mêmes racontent leurs péripéties au fur et à mesure qu'elles ont lieu. Le **moment de la narration** est, par conséquent, à la fois ultérieur et simultané, ce qui crée une part de suspense pour le lecteur, qui ne peut avoir d'indices quant au dénouement de l'intrigue.

Le **cadre spatiotemporel** est en partie dissimulé grâce aux points de suspension et aux astérisques, qui laissent sous-entendre que la correspondance est authentique et que, par souci de confidentialité, certaines informations ont volontairement été dissimulées au grand public, pour piquer sa curiosité.

Les **personnages** représentent tour à tour les libertins dépravés (le Vicomte de Valmont et la Marquise de Merteuil) et leurs victimes (notamment la Présidente de Tourvel). Dans cette lettre, le Vicomte de Valmont incarne l'aristocrate arrogant, méprisant et débauché qui fait de la séduction une quête vaniteuse. La lettre met donc en lumière ses manigances pour goûter aux plaisirs d'une relation adultère.

Fil thématique de la rencontre amoureuse

La rencontre, présentée du point de vue du libertin, est décrite telle une quête militaire. Le personnage *attaque un ennemi*, qu'il veut mettre à sa merci. L'amour devient donc une conquête à des fins égoïstes : vivre une *délicieuse jouissance*, peu importe ce qui en résulte.

La nouvelle fantastique

La nouvelle fantastique, telle que décrite par Tzvetan Todorov, plonge le lecteur dans une atmosphère d'incertitude en intégrant des éléments surnaturels à un univers qui semble bien réel. Populaire au xıxᵉ siècle grâce à Edgar Allan Poe, à Théophile Gautier et à Guy de Maupassant, le récit fantastique se distingue par un dénouement ambigu, qui vise à semer le doute dans l'esprit du lecteur quant au caractère plausible des événements racontés. La nouvelle fantastique peut comporter ou non une chute.

Exemple

Extrait de *La Morte amoureuse* (1836), Théophile Gautier (1811-1872)

Un prêtre de campagne raconte la liaison qu'il a entretenue avec Clarimonde, une femme fatale singulière.

Vous me demandez, frère, si j'ai aimé ; oui. C'est une histoire singulière et terrible, et, quoique j'aie soixante-six ans, j'ose à peine remuer la cendre de ce souvenir. [...] Ce sont des événements si étranges, que je ne puis croire qu'ils me soient arrivés. J'ai été pendant plus de trois ans le jouet d'une illusion singulière et diabolique. Moi, pauvre prêtre de campagne, j'ai mené en rêve toutes les nuits (Dieu veuille que ce soit un rêve !) une vie de damné, une vie de mondain et de Sardanapale. Un seul regard trop plein de complaisance jeté sur une femme pensa causer la perte de mon âme ; mais enfin, avec l'aide de Dieu et de mon saint patron, je suis parvenu à chasser l'esprit malin qui s'était emparé de moi. Mon existence s'était compliquée d'une existence nocturne entièrement différente. Le jour, j'étais un prêtre du Seigneur, chaste, occupé de la prière et des choses saintes ; la nuit, dès que j'avais fermé les yeux, je devenais un jeune seigneur, fin connaisseur en femmes, en chiens et en chevaux, jouant aux dés, buvant et blasphémant ; et lorsqu'au lever de l'aube je me réveillais, il me semblait au contraire que je m'endormais et que je rêvais que j'étais prêtre. [...]

Je n'étais jamais allé dans le monde ; le monde, c'était pour moi l'enclos du collège et du séminaire. Je savais vaguement qu'il y avait quelque chose que l'on appelait femme, mais je n'y arrêtais pas ma pensée ; j'étais d'une innocence parfaite. [...]

Le grand jour [de l'ordination...] venu, je marchai à l'église d'un pas si léger, qu'il me semblait que je fusse soutenu en l'air ou que j'eusse des ailes aux épaules. [...] J'avais passé la nuit en prières, et j'étais dans un état qui touchait presque à l'extase. [...]

Je levai par hasard ma tête, que j'avais jusque-là tenue inclinée, et j'aperçus devant moi, si près que j'aurais pu la toucher [...] une jeune femme d'une beauté rare et vêtue avec une magnificence royale. [...] J'éprouvai la sensation d'un aveugle qui recouvrerait subitement la vue. L'évêque, si rayonnant tout à l'heure, s'éteignit tout à coup, [...] et il se fit par toute l'église une complète obscurité. La charmante créature se détachait sur ce fond d'ombre comme une révélation angélique ; elle semblait éclairée d'elle-même et donner le jour plutôt que le recevoir.

> [...][S]on front, d'une blancheur bleuâtre et transparente, s'étendait large et serein sur les arcs de deux cils presque bruns [...]. Quels yeux ! avec un éclair ils décidaient de la destinée d'un homme. [...] Je ne sais si la flamme qui les illuminait venait du ciel ou de l'enfer, mais à coup sûr elle venait de l'un ou de l'autre. Cette femme était un ange ou un démon, et peut-être tous les deux [...].
>
> À mesure que je la regardais, je sentais s'ouvrir dans moi des portes qui jusqu'alors avaient été fermées ; des soupiraux obstrués se débouchaient dans tous les sens et laissaient entrevoir des perspectives inconnues ; [...] je venais de naître à un nouvel ordre d'idées.

Observations

Tous les éléments concourent à semer le doute dans l'esprit du lecteur, qui devrait s'interroger sur la vraisemblance de cet être surnaturel d'une *blancheur transparente*, qui ressemble aussi bien à *un ange* qu'à *un démon*. Le **récit enchâssé** permet de commenter les événements afin de mettre en lumière leur caractère *si étrange*.

Le choix d'un **narrateur personnage**, typique dans une œuvre fantastique, donne une certaine crédibilité aux propos, puisque celui qui raconte l'histoire, un homme d'Église, prétend avoir vu cette femme de ses propres yeux. La **vitesse de narration** interrompue par la description détaillée du physique de Clarimonde laisse croire qu'en dépit de son âge (66 ans), le héros a gardé un souvenir indélébile des événements qui se seraient produits. Son récit semble plausible. Or il est permis de se demander si le héros a seulement imaginé cette créature surhumaine.

Le **personnage** d'*une innocence parfaite* semble être dans un état second au moment de la rencontre : il a *passé la nuit en prières*, il touche *presque à l'extase*. L'église où il voit la jeune femme est sombre ; la vue du narrateur a pu être altérée. Il a donc peut-être été simplement victime d'une illusion.

Fil thématique de la rencontre amoureuse

La rencontre entre le narrateur et celle qui s'avérera être une courtisane décédée permet à l'auteur de plonger le lecteur dans un univers étrange où des phénomènes surnaturels font intrusion dans un cadre bien réel. Simple illusion d'un jeune séminariste qui, au moment de consacrer sa vie à Dieu, regrette ses choix et sombre dans la folie ou réelle apparition d'une diablesse ? L'incertitude persistera jusqu'à la fin du récit.

Le roman naturaliste

Héritier du roman réaliste, le roman naturaliste partage avec celui-ci la volonté d'étudier minutieusement divers milieux et d'analyser le plus objectivement possible les mécanismes sociaux du xixe siècle. Inspiré par Honoré de Balzac et Gustave Flaubert, Émile Zola, chef de file du naturalisme, poussera encore plus loin l'analyse sociale en tentant de faire du roman naturaliste une expérimentation scientifique. Dans sa saga de 20 romans, *Les Rougon-Macquart*, chaque récit devient le centre d'une expérimentation qui, fondée sur une recherche rigoureuse, vise à montrer que les individus subissent l'influence de divers déterminismes.

Exemple

Extrait de *Germinal* (1885), Émile Zola (1840-1902)

Nouvellement arrivé au puits du Voreux, à Montsou, Étienne Lantier, jeune homme de 20 ans, se fait embaucher comme mineur. Lors de sa première journée de travail, il remarque une jeune ouvrière, Catherine Maheu, qui ne le laissera pas indifférent.

Le jeune homme, dont les yeux s'habituaient à l'obscurité, la regardait, blanche encore, avec son teint de chlorose ; et il n'aurait pu dire son âge, il lui donnait douze ans, tellement elle lui semblait frêle. Pourtant, il la sentait plus vieille, d'une liberté de garçon, d'une effronterie naïve, qui le gênait un peu : elle ne lui plaisait pas, il trouvait trop gamine sa tête blafarde de Pierrot, serrée aux tempes par le béguin.

[...]

Pendant un voyage, il la suivit, la regarda filer, la croupe tendue, les poings si bas, qu'elle semblait trotter à quatre pattes, ainsi qu'une de ces bêtes naines qui travaillent dans les cirques. Elle suait, haletait, craquait des jointures, mais sans une plainte, avec l'indifférence de l'habitude, comme si la commune misère était pour tous de vivre ainsi ployé. Et il ne parvenait pas à en faire autant, ses souliers le gênaient, son corps se brisait, à marcher de la sorte, la tête basse. Au bout de quelques minutes, cette position devenait un supplice, une angoisse intolérable, si pénible, qu'il se mettait un instant à genoux, pour se redresser et respirer.

[...]

Elle s'était relevée sur les genoux, il la voyait tout près de lui, éclairée par les deux lampes. Pourquoi donc l'avait-il trouvée laide ? Maintenant qu'elle était noire, la face poudrée de charbon fin, elle lui semblait d'un charme singulier. Dans ce visage envahi d'ombre, les dents de la bouche trop grande éclataient de blancheur, les yeux s'élargissaient, luisaient avec un reflet verdâtre, pareils à des yeux de chatte. Une mèche des cheveux roux, qui s'était échappée du béguin, lui chatouillait l'oreille et la faisait rire. Elle ne paraissait plus si jeune, elle pouvait bien avoir quatorze ans tout de même.

[...]

Lui, brusquement, s'était demandé s'il ne devait pas la saisir dans ses bras, pour la baiser sur les lèvres. Elle avait de grosses lèvres d'un rose pâle, avivées par le charbon, qui le tourmentaient d'une envie croissante.

[...]

Il continua à la questionner, elle disait tout, sans effronterie ni honte. Du reste, elle n'ignorait rien de l'homme ni de la femme, bien qu'il la sentît vierge de corps, et vierge enfant, retardée dans la maturité de son sexe par le milieu de mauvais air et de fatigue où elle vivait.

[...]

Elle était décidément très gentille. Quand elle aurait fini sa tartine, il la prendrait et la baiserait sur ses grosses lèvres roses. C'était une résolution de timide, une pensée de violence qui étranglait sa voix. Ces vêtements de garçon, cette veste et cette culotte sur cette chair de fille, l'excitaient et le gênaient.

Observations

Ce treizième volume des *Rougon-Macquart* plonge le lecteur dans un **cadre spatiotemporel** très précis : l'univers des mines du nord de la France à la fin des années 1860. Les **personnages**, soumis à une *commune misère*, incarnent des ouvriers types de leur époque qui revendiquent de meilleures conditions de travail.

L'illusion d'objectivité du texte est possible grâce à la **narration omnisciente** ainsi qu'à la longueur et à la précision des **descriptions** du personnage de Catherine, dont le physique *frêle* et le *teint de chlorose* témoignent d'une dégradation héréditaire.

L'extrait met également en lumière le tempérament d'Étienne, qui est habité par une *pensée de violence*, ainsi que l'influence du milieu sur Catherine, dont la maturité est *retardée par le mauvais air et la fatigue*.

Fil thématique de la rencontre amoureuse

L'évolution de la perception qu'a Étienne de Catherine est remarquable : d'abord perçue comme une gamine peu séduisante en raison de sa pâleur et de sa maigreur ataviques, elle se transforme à ses yeux en une femme charmante, ce qui entraîne chez ce timide un désir violent. Même lors d'une rencontre amoureuse, le thème cher à Zola est présent : l'influence des tares héréditaires et du milieu chez les personnages.

Le nouveau roman, qui connaît son apogée dans les années 1950 et 1960, naît d'un désir de rompre avec la tradition du roman réaliste : des auteurs comme Alain Robbe-Grillet, Nathalie Sarraute, Michel Butor et Marguerite Duras rejettent les intrigues linéaires et la psychologie traditionnelle des personnages au profit d'une narration éclatée. Influencé par le cinéma de la Nouvelle Vague, le nouveau roman adopte une approche formaliste qui propulse le roman dans la postmodernité.

Exemple

Extrait de *La Modification*[1] (1957), Michel Butor (1926-)

Un homme s'interroge sur sa vie lors d'un voyage en train entre Paris et Rome au terme duquel il doit rejoindre sa maîtresse. Dans l'extrait suivant, il imagine ce qu'il arrivera lorsqu'il la retrouvera.

Les persiennes du quatrième étage seront encore fermées lorsque commencera votre guet, parce que, vous connaissez bien votre impatience, vous ne réussirez pas, après vos détours, à rejoindre votre poste d'observation après huit heures, et il vous faudra très longtemps patienter, tuer le temps en étudiant cette façade et ses lézardes, les visages des premières gens qui passeront, avant qu'enfin sa fenêtre s'ouvre, mais alors peut-être la verrez-vous apparaître, se pencher au-dehors suivant des yeux le rivage d'une bruyante motocyclette, ses cheveux très noirs, ses cheveux d'Italienne, bien qu'elle soit de père français, encore décoiffés, qu'elle rejettera derrière ses épaules d'un mouvement de sa tête, et sans doute en ce cas c'est à ce moment qu'elle percevra votre silhouette, mais ignorant tout de votre venue elle ne vous reconnaîtra pas, trouvant tout au plus à ce flâneur la considérant avec tant d'insistance quelque ressemblance avec vous.

Ainsi vous la contemplerez en quelque sorte en votre absence, puis elle disparaîtra dans l'obscur intérieur de sa grande et haute chambre de vieille maison romaine qu'elle a si bien su aménager avec ce divan dans le coin suffisant pour vous deux et ces fleurs qu'elle renouvelle avec tant de soin, tant de variété, près de ces deux autres chambres louées le printemps ou l'été à des touristes, qui seront vides pour le moment et dont l'une sera officiellement votre logement pour ces deux nuits, assez bien séparées du reste de l'appartement où se tient la propriétaire avec sa famille, Mme da Ponte, comme le librettiste de Mozart ou le peintre de Bassano, de l'autre côté de la petite entrée très noire qui donne directement par une porte vitrée sur l'immense cuisine.

C'est donc à la porte, au-dessus du saint Antoine presque invisible derrière sa vitre poussiéreuse, que vous guetterez son apparition, après cela, avec, vous l'espérez, sur les épaules, c'est ainsi qu'elle serait la plus belle, ce grand châle blanc que vous lui avez offert, et sa robe à plis et ramages violets et sang, ou bien, s'il fait trop frais, son tailleur de velours à côtes vert un peu plus foncé que l'émeraude, ses cheveux noirs tressés et enroulés au-dessus de son front avec deux ou trois épingles à tête de

---

1. Michel Butor, *La Modification*, Paris, Les Éditions de Minuit, 1957, p. 48-49.

verre irisé pour les tenir, ses lèvres peintes, ses sourcils terminés au crayon bleu, mais sans rien sur le reste de son visage, rien que cette admirable peau.

Elle tournera immédiatement à sa gauche vers Sant'Andrea della Valle, c'est le chemin dont elle a l'habitude, qu'elle préfère bien qu'il ne soit pas le plus court, mais cette fois elle ne pourra manquer de vous voir, d'autant plus que vous lui ferez signe, que vous l'appellerez au besoin, que vous vous précipiteriez vers elle si cela ne suffisait pas, de s'arrêter, n'en croyant pas ses yeux.

Alors l'agitation sur ses traits sera comme le vent bouleversant une touffe de glaïeuls.

Observations

Les conventions formelles du roman sont subverties : au lieu d'une narration omnisciente au passé, la **narration** est au futur et à la deuxième personne, ce qui projette le lecteur dans un avenir hypothétique lié aux désirs du personnage plutôt que de créer une illusion d'objectivité. L'emploi du *vous* de politesse force le lecteur à s'identifier à un **personnage** sans nom, les désirs du protagoniste deviennent ceux du lecteur par le truchement de la narration.

Le minimalisme de l'**intrigue** (un homme réfléchit à sa vie lors d'un voyage en train) contraste avec la précision des **descriptions** associées au libre cours des pensées du personnage. Le caractère cinématographique des descriptions accorde davantage d'importance aux éléments objectifs (décor, vêtements, chemin parcouru...) qu'à la psychologie des personnages.

Fil thématique de la rencontre amoureuse

Plutôt que de présenter la première rencontre entre deux amants comme un fait avéré, cet extrait est construit sur le mode de la spéculation et de l'hypothèse. La subjectivité triomphe dans cette scène de retrouvailles qui relève d'un fantasme d'une extrême précision – mais qui, fugace, disparaîtra tout aussi rapidement qu'il a été imaginé, emporté par le flux des pensées.

La nouvelle à chute

La nouvelle à chute, qui naît au XIXe siècle, possède toutes les caractéristiques de la nouvelle (densité du récit, action concentrée sur un événement, nombre restreint de personnages…), mais sa mécanique repose sur un renversement inattendu à la fin du texte qui force le lecteur à réinterpréter le récit sous un angle inédit. Peu importe le cadre (réaliste dans « La parure » de Guy de Maupassant, fantastique dans « La nuit face au ciel » de Julio Cortázar, de science-fiction dans « Cycle de survie » de Richard Matheson), la chute est déstabilisante.

Exemple

Extrait de « L'enfance de l'art », *Les Aurores montréales*[1] (1996), Monique Proulx (1952-)

Quatre heures quarante-cinq de l'après-midi. Marie fait du stop, son sac calé comme une bête amorphe entre les chevilles. [...]

Quatre heures quarante-huit. Une Renault 5 blanche s'arrête devant Marie. [...]

– Où est-ce que tu vas ? s'enquiert-il.

– Où est-ce que vous allez vous-même ? répond Marie.

Quatre heures cinquante-deux. La Renault 5 blanche roule au ralenti. La jupe de Marie, au-dessus de ses jambes croisées, n'est qu'un petit trait sombre effronté, qui n'a rien à cacher. Les yeux du conducteur vacillent dans sa direction.

– Comment est-ce que tu t'appelles ? fait-il semblant de s'intéresser.

– C'est vingt piastres, dit Marie. [...] Vingt-cinq pour un blow job, cinq de plus si vous touchez.

Chaque fois, ça la fait sourire, <u>elle ne peut s'empêcher de penser</u> à des poireaux, ou à des fraises : c'est trois piastres le casseau, vingt-cinq si vous en prenez douze. Le conducteur, lui, ne sourit pas. Il est devenu terriblement rouge et troublé, il n'a pas assez de son nez pour respirer. Le silence dure l'espace d'un coin de rue.

– Où ? abdique-t-il brusquement.

– Ici.

– Dans l'auto ?...

Oui. Elle connaît la ville dans tous ses recoins dépeuplés, il y a un cul-de-sac paisible, près d'ici, qui ne demande qu'à être visité. Quant aux bancs des Renault 5, c'est notoire, ils s'avèrent on ne peut plus inclinables.

Cinq heures huit. La Renault 5 blanche, toutes portières fermées, dort sur un quelconque accotement d'un anonyme cul-de-sac. Le pantalon du conducteur est descendu jusqu'à ses cuisses. [...] Le sexe du conducteur est dans la bouche de Marie. [...]

<u>Marie pense</u> à du lait pur et froid, à du cream soda, aux milk-shakes à la vanille mousseux de sa petite enfance, <u>elle pense à autre chose, mais ce n'est pas facile.</u>

---

1. Monique Proulx, *Les Aurores montréales*, Montréal, Éditions du Boréal, coll. « Boréal compact », 1997, p. 99-101.

Cinq heures vingt-deux. Le conducteur pleure. Ils pleurent souvent, comme ça, après, <u>Marie ne s'en fait pas et attend tranquillement</u>. [...]

Cinq heures trente-trois. Marie est dans l'escalier roulant du magasin La Baie, elle se rend au quatrième étage. [...]

Cinq heures trente-sept. Marie redescend l'escalier roulant du magasin La Baie, son sac sous un bras et un gros colis dans l'autre.

Cinq heures cinquante-sept. Marie rentre chez elle. [...]

Six heures trente-quatre. Marie est assise sur son lit. Elle ouvre son sac, sort un livre de géographie et un livre de mathématiques, les pousse dans un coin. Elle déballe le colis. C'est un ourson blanc, en peluche, avec un museau noir et des yeux brillants. Marie prend l'ourson, se couche avec lui, collée dans sa chaleur synthétique, reste ainsi des heures, un sourire flou aux lèvres. À douze ans, c'est encore des choses comme ça qui rendent presque heureux.

Observations

La densité de l'**intrigue**, qui présente un épisode se déroulant sur moins de deux heures, ressort particulièrement grâce à l'indication de l'heure précise où chaque geste est posé, comme s'il s'agissait d'un compte rendu objectif. Cette **narration** apparemment neutre, où la **focalisation** interne (extraits soulignés) est très distanciée, contraste avec la gravité des événements racontés (une fillette de 12 ans qui se prostitue). Cette distance narrative correspond à la distance que Marie met entre elle et ses actes inavouables.

La pédophilie est présentée dans un **cadre spatiotemporel** réaliste. Ainsi, la **description** scabreuse de la relation sexuelle devient d'autant plus choquante lorsque la **chute** est révélée : le malaise et la culpabilité du personnage masculin prennent un tout autre sens (ce n'est pas seulement le client d'une prostituée, c'est un pédophile). Les larmes du conducteur, le fait qu'il la tutoie et qu'elle le vouvoie, l'allusion ironique à la petite enfance de Marie sont autant d'indices qui prennent tout leur sens une fois la chute dévoilée.

Fil thématique de la rencontre amoureuse

Il ne se dégage de cet extrait aucun amour, la relation sexuelle étant présentée comme une transaction marchande qui ne satisfait personne. L'auteure y montre l'un des grands tabous de la société contemporaine, la pédophilie, d'une manière totalement détachée, avec une touche d'humour et d'ironie, ce qui accentue le caractère choquant de la chute pour le lecteur.

Le récit contemporain

L'écriture narrative contemporaine est marquée par un paradoxe important : alors que certains lecteurs sont fidèles à des sous-genres très codifiés (le roman sentimental, le roman policier…), plusieurs auteurs repoussent ou refusent les frontières génériques, s'éloignant des genres traditionnels pour accoler à leurs œuvres les étiquettes de récit, d'histoire, voire de fiction, ce qui témoigne d'une ouverture à tous les possibles. Plus que jamais, l'écriture narrative est nourrie par l'écriture dramatique et poétique.

Exemple

Extrait de _L'Énigme du retour_[1] (2009), Dany Laferrière (1953-)

Après la mort de son père, le narrateur retourne dans son pays natal, Haïti, pour accomplir un périple initiatique qui l'amènera à se redécouvrir. Fin observateur, il consigne les scènes dont il est témoin.

> […] [L]a fillette s'est réveillée la première pour aller chercher l'eau. Je la suis avec une longue-vue prêtée par la propriétaire de l'hôtel. Elle grimpe la montagne comme une petite chèvre avec un bidon en plastique sur la tête et un autre dans la main droite. […] La revoilà. La robe mouillée plaquée sur un jeune corps maigre. Le moustachu en cravate qui prend son café sur sa galerie la suit du regard.
>
> Observons la scène de près.
> Gros plan sur le visage du moustachu.
> Concentration massive de sa part
> sur la danse des hanches de la jeune fille.
> Le moindre mouvement de ce corps si souple
> est absorbé par de petits yeux avides.
>
> Léger frémissement du nez.
> Le félin bondit.
> Griffes fichées dans la nuque.
> Dos arqué de la fillette.
> Pas de cri.
> Tout s'est passé
> dans sa tête
> entre deux gorgées de café.

---

1. Dany Laferrière, _L'Énigme du retour_, Montréal, Éditions du Boréal, 2009, p. 80-81.

Croisement entre l'autobiographie, le carnet de voyage et le recueil de poésie, ce récit illustre l'éclatement des genres dans la littérature contemporaine. Le premier paragraphe, en prose, est suivi de deux strophes en vers, où la **description** de l'homme et de la jeune fille prend une dimension poétique, par la métaphore filée du prédateur qui attaque sa proie.

La **narration** à la première personne estompe toute distance entre l'auteur et le personnage : l'auteur *est* le personnage mais, en même temps, il y a flottement entre réalité et fiction. Les trois derniers vers présentent un renversement : l'attaque de l'homme n'était que fantasmée. Ce glissement subtil de l'observation objective de la scène par le narrateur à la description des pensées de l'homme se fait tout en douceur, mais témoigne d'un brouillage entre réalité et fantasme.

Fil thématique de la rencontre amoureuse

Cet extrait présente, par un jeu de regards subtil, la naissance d'un désir tabou et inavouable d'un homme pour une jeune fille. Sans qu'une seule parole soit échangée, l'homme se trahit par d'infimes détails relevés par le narrateur. Même si son désir ne se concrétise pas, l'homme n'en apparaît pas moins dangereux, lui qui semble vouloir laisser libre cours à ses pulsions prédatrices.

Médiagraphie

AQUIEN, Michèle. *Dictionnaire de poétique*, Paris, Le Livre de Poche, 1993.

AQUIEN, Michèle. *La Versification*, Paris, Presses universitaires de France, coll. « Que sais-je ? », 1990.

ARCAND, Richard. *Les Figures de style. Allégorie, ellipse, hyperbole, métaphore…*, Montréal, Les Éditions de l'Homme, 2004.

ARISTOTE. *La Poétique*, tr. Roselyne Dupont-Roc et Jean Lallot, Paris, Seuil, 2011.

BACRY, Patrick. *Les Figures de style*, Paris, Belin, coll. « Sujets », 1992.

BOILEAU, Nicolas. *L'Art poétique* (1674), Wikisource.

BONHOMME, Marc. *Les Figures clés du discours*, Paris, Seuil, 1998.

BRETON, André. *Manifeste du surréalisme* (1924), Wikisource.

BUFFARD-MORET, Brigitte. *Introduction à la versification*, Paris, Dunod, 1997.

CHARAUDEAU, Patrick. *Grammaire du sens et de l'expression*, Paris, Hachette, 1992.

CHARTRAND, Suzanne-G., Denis AUBIN, Raymond BLAIN et Claude SIMARD. *Grammaire pédagogique du français d'aujourd'hui*, Boucherville, Graficor, 1999.

COMBE, Dominique. *Les Genres littéraires*, Paris, Hachette, 1992.

DESSONS, Gérard. *Introduction à l'analyse du poème*, Paris, Nathan, 2000.

Dictionnaire du théâtre, Encyclopædia Universalis, Paris, Albin Michel, 1998.

DU BELLAY, Joachim. *Défense et illustration de la langue française* (1549), Wikisource.

DUFIEF, Anne-Simone. *La Versification. 100 exercices avec corrigés*, Paris, Hatier, 1997.

DUPONT, Louis. *De l'analyse grammaticale à l'analyse littéraire*, Bruxelles, Marcel Didier éditeur, 1962.

DUPRIEZ, Bernard. *Gradus. Les procédés littéraires*, Paris, Union générale d'Éditions, 1984.

FONTANIER, Pierre. *Les Figures du discours*, Paris, Flammarion, 1977 (réédition d'un ouvrage publié en 1830).

FROMILHAGUE, Catherine. *Les Figures de style*, Paris, Nathan, 1995.

FRONTIER, Alain. *La Poésie*, Paris, Belin, coll. « Sujets », 1992.

GARDES-TAMINE, Joëlle. *La Stylistique*, Paris, Armand Colin, coll. « Cursus », 1992.

GENETTE, Gérard. « Frontières du récit », tiré de *L'Analyse structurale du récit*, Paris, Seuil, coll. « Points », 1981.

GENEVAY, Éric. *Ouvrir la grammaire*, Montréal, Chenelière Éducation, 1994.

GÉRIN, L., et H. MAISONNEUVE. « Analyse formelle d'un texte littéraire : le statu quo est-il possible ? », *Correspondance*, vol. 9, n° 1, septembre 2003, Centre collégial de développement de matériel didactique.

GREVISSE, Maurice. *Précis de grammaire française*, 26e éd., Gembloux, Éditions Duculot, 1959.

HUGO, Victor. *Odes et Ballades*, préfaces des années 1822, 1823, 1824, 1826, 1828 et 1853, Wikisource.

KLEIN-LATAUD, Christine. *Précis des figures de style*, Toronto, Éditions du Gref, coll. « Traduire, Écrire, Lire », 2001.

LINARES, Serge. *Introduction à la poésie*, Paris, Nathan, 2000.

Littérature et langages, sous la direction de Catherine KLEIN, Paris, Hachette, 2000.

MAISONNEUVE, H. *Vade-mecum de la nouvelle grammaire*, Centre collégial de développement de matériel didactique, 2003.

MOLINIÉ, Georges. *Éléments de stylistique française*, Paris, Presses universitaires de France, coll. «Linguistique nouvelle», 1986.

MORÉAS, Jean. «Le Symbolisme», *Le Figaro*, Paris, 18 septembre 1886. www.berlol.net/chrono/chr1886a.htm.

PAVIS, Patrice. *Dictionnaire du théâtre*, Paris, Armand Colin, 2002.

POUGEOISE, Michel. *Dictionnaire de poétique*, Paris, Belin, 2006.

PRUNER, Michel. *L'Analyse du texte de théâtre*, Paris, Armand Colin, 2010.

REUTER, Yves. *Introduction à l'analyse du roman*, Paris, Bordas, 1991.

RIEGEL, Martin, Jean-Christophe PELLAT et René RIOUL. *Grammaire méthodique du français*, Paris, Presses universitaires de France, 1998.

ROBRIEUX, Jean-Jacques. *Les Figures de style et de rhétorique*, Paris, Dunod, 1998.

SCHAEFFER, Jean-Marie. *Qu'est-ce qu'un genre littéraire?*, Paris, Seuil, 1989.

SUHAMY, Henri. *Les Figures de style*, Paris, Presses universitaires de France, coll. «Que sais-je?», 1981.

TODOROV, Tzvetan. *Les Genres du discours*, Paris, Seuil, 1978.

UBERSFELD, Anne. *Lire le théâtre*, Paris, Éditions sociales, 1977.

VIGEANT, Louise. *La Lecture du spectacle théâtral*, Laval, Mondia, 1989.

VILLERS, Marie-Éva de. *Multidictionnaire de la langue française*, 4e éd., Montréal, Québec Amérique, 2003.

www.cafe.umontreal.ca/cle/index.html.

www.lettres.net/lexique.

www.theatrales.uqam.ca/glossaire.html.

Index des auteurs cités

R

RABELAIS, François, 115

RACINE, Jean, 6, 10, 18, 21, 46, 62, 63, 79, 90, 94-95, 104

REGGIANI, Serge, 48

RÉGNIER, Mathurin, 57

RIMBAUD, Arthur, 19, 60, 63, 108

RIVARD, Michel, 48

ROACH, Jay, 80

ROBBE-GRILLET, Alain, 128

Le Roman de Tristan et Iseut, 73, 74

RONSARD, Pierre de, 48, 64, 105

ROSTAND, Edmond, 23, 27

ROUSSEAU, Jean-Jacques, 62, 122

ROWLING, J. K., 83

ROY, Gabrielle, 81

S

SA, Shan, 42

SAINT-DENYS GARNEAU, Hector de, 28, 36, 113

SAINT-EXUPÉRY, Antoine de, 29, 40

SARRAUTE, Nathalie, 128

SARTRE, Jean-Paul, 100

SÉVIGNÉ, Madame de, 31

SHAKESPEARE, William, 41, 79, 90

SHYAMALAN, M. N., 83

SKARMETA, Antonio, 52

SOPHOCLE, 92

STONE, Matt, 80

SÜSKIND, Patrick, 75

SZPILMAN, Wladyslaw, 78

T

TÉRENCE, 96

TODOROV, Tzvetan, 124

TOLKIEN, J. R. R., 82

TREMBLAY, Michel, 5, 14, 52

TROYES, Chrétien de, 7, 40, 82, 115, 116-117

TYKWER, Tom, 81

U

UDERZO, 80

V

VALLÉE, Jean-Marc, 78

VEBER, Francis, 80

VERLAINE, Paul, 40

VIAN, Boris, 10, 55

VIGNEAULT, Gilles, 28, 30, 44, 51

VILLIERS DE L'ISLE-ADAM, Auguste de, 11

VILLON, François, 51

VOLTAIRE, 7, 35, 45, 50, 84, 120-121

Z

ZOLA, Émile, 8, 31, 67, 79, 115, 126-127

Index des notions